Inés de Ramón Folch

LA GUITARRA

EDITORIAL DE VECCHI

A pesar de haber puesto el máximo cuidado en la redacción de esta obra, el autor o el editor no pueden en modo alguno responsabilizarse por las informaciones (fórmulas, recetas, técnicas, etc.) vertidas en el texto. Se aconseja, en el caso de problemas específicos —a menudo únicos— de cada lector en particular, que se consulte con una persona cualificada para obtener las informaciones más completas, más exactas y lo más actualizadas posible. EDITORIAL DE VECCHI, S. A. U.

© Editorial De Vecchi, S. A. U. 2005
Balmes, 114. 08008 BARCELONA
Depósito Legal: B. 47.397-2004
ISBN: 84-315-5812-1

Impreso en España por HUROPE, S. L.
Lima, 3 bis - 08030 Barcelona

Reservados todos los derechos. Ni la totalidad ni parte de este libro puede reproducirse o trasmitirse por ningún procedimiento electrónico o mecánico, incluyendo fotocopia, grabación magnética o cualquier almacenamiento de información y sistema de recuperación, sin permiso escrito de EDITORIAL DE VECCHI.

PARTES QUE COMPONEN LA GUITARRA

La guitarra se compone de una caja de resonancia, un mango y seis cuerdas. En la caja de resonancia, sobre la tapa armónica, está la boca o tarraja, que es una perforación circular. Sobre esta tapa se encuentra adherida una pieza llamada puente, en el que van sujetas las seis cuerdas.
El mango lleva un diapasón dividido en 19 espacios o trastes. Estos trastes están separados por barritas metálicas.
Al extremo del mango se encuentra la cabeza, donde está el clavijero que sirve para sujetar y afinar las cuerdas.

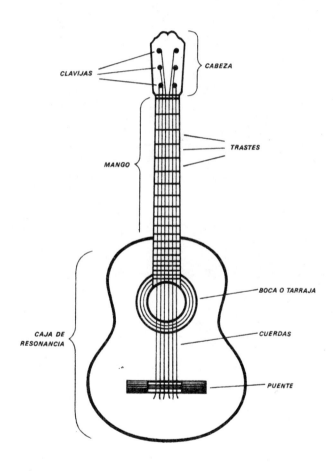

COLOCACIÓN DE LA GUITARRA

Forma correcta de colocar la guitarra.
Debe tocarse sentado en una silla de tamaño normal.

La mano izquierda se coloca sobre el diapasón con el pulgar apoyado por detrás del mango.

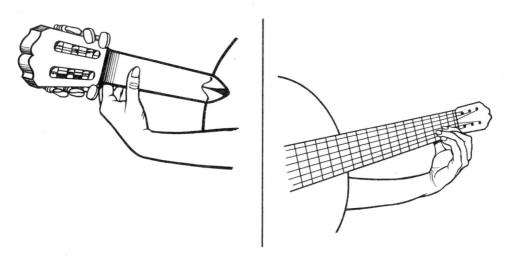

Para la posición de la mano derecha deberá apoyarse el brazo sobre la caja de la guitarra de manera que la mano quede a la altura de la boca del instrumento.

AFINACIÓN

Las cuerdas afinadas deben dar los siguientes sonidos:

Cuerda al aire	Sonido
1.ª	MI
2.ª	SI
3.ª	SOL
4.ª	RE
5.ª	LA
6.ª	MI

Forma práctica de afinación:

Tensar la 1.ª cuerda hasta conseguir un sonido claro. Si se dispone de diapasón, pisar el 5.º traste de la 1.ª cuerda y tensarla hasta conseguir el sonido de éste (LA).
Pisar la 2.ª cuerda en el 5.º traste y debe dar el sonido de la 1.ª cuerda al aire. La 3.ª cuerda debe pisarse en el 4.º traste y debe dar el sonido de la 2.ª cuerda al aire. La 4.ª cuerda debe pisarse en el 5.º traste y debe dar el sonido de la 3.ª cuerda al aire. La 5.ª cuerda debe pisarse en el 5.º traste y debe dar el sonido de la 4.ª cuerda al aire, La 6.ª cuerda debe pisarse en el 5.º traste y debe dar el sonido de la 5.ª cuerda al aire.

1.ª cuerda al aire, nota Mi
2.ª cuerda, pisar 5.º traste, debe sonar como 1.ª cuerda al aire
3.ª   »   »   4.º   »   »   »   »   2.ª   »   »
4.ª   »   »   5.º   »   »   »   »   3.ª   »   »
5.ª   »   »   5.º   »   »   »   »   4.ª   »   »
6.ª   »   »   5.º   »   »   »   »   5.ª   »   »

ABREVIATURAS Y SIGNOS EMPLEADOS

Los dedos de la mano derecha se indicarán con letras.

P = Pulgar
M = Mano (en este caso la M o mano se refiere a los dedos índice, medio, anular y meñique)
i = índice
m = medio
a = anular

Signos para los rasgueos:

ξ = Rasgueo hacia abajo con todos los dedos de la mano, desde el meñique al índice.

↓ = Rasgueo hacia abajo en un solo golpe.

♀ = Rasgueo hacia abajo en un solo golpe y a la vez apagando el sonido con la palma de la mano.

↑ = Rasgueo hacia arriba.

O = Golpe sobre las cuerdas con el puño cerrado.

Otros signos:

/:   :/ = Lo que está entre estos dos signos deberá repetirse.
   Ej.: /:Guadalajara en un llano México en una laguna:/
   Este verso deberá cantarse dos veces.

⌣ = Significa la unión de dos sílabas en una.
   Ej.: Me he de comer esa tuna.
       Me he de comer esa tuna.

— = Cuando este signo está debajo de una sílaba, indica el momento en que debe cambiarse el acorde.
        Re   La 7   Re
   Ej.: Guadalajara en un llano México en una laguna.

Si en un verso aparecen solamente los signos (—) debajo de las sílabas, pero sin el nombre de los acordes, deberán repetirse los mismos acordes del verso anterior.

X = Cuando aparezca sobre cualquiera de las cuerdas de un acorde, dicha cuerda no deberá pulsarse.

Tiempo en los rasgueos

Ejemplos:

1 2 3 4
↓ ↑ ↓ ↓ = Rasgueo en cuatro tiempos.
Los movimientos de la mano derecha deben ser muy parejos, acentuando ligeramente el primer tiempo.
Cada uno de los movimientos tendrá igual duración.

1 2 3 4
↓ ↓ ↓ ↓ ↓ = Rasgueo en cuatro tiempos.
El segundo tiempo tiene dos movimientos, por lo que éstos deberán efectuarse al doble de la velocidad de los tiempos 1 - 3 y 4.

1 2 3 4
↓ ↓ — ↓ = En este caso, el tiempo 3 está en silencio.
La mano derecha hará movimientos en el tiempo 1 - 2 y 4, cuidando que el silencio del tercer tiempo tenga la misma duración de los tiempos 1 - 2 y 4.

Forma de leer las melodías

Las cuerdas y los trastes se numeran como se ve en el dibujo.
Las cuerdas se designan con números romanos y los trastes se numeran del 1 al 12 o al 19.
I = 1.ª cuerda
II = 2.ª cuerda
III = 3.ª cuerda
IV = 4.ª cuerda
V = 5.ª cuerda
VI = 6.ª cuerda

1 4 7 2 3 0 = trastes
0 = cuerda al aire

Ejemplo:
II-11331100
Pisar la 2.ª cuerda en el 1.er traste y pulsarla una vez con el dedo índice

de la mano derecha y por segunda vez con el dedo medio. Repetir el movimiento del dedo índice y medio de la mano derecha, esta vez pisando en el 3.er traste, en el 1.er traste y en cuerda suelta o al aire.

Ejemplo:
V-3 IV-023 III-0
Pisar la 5.ª cuerda en el 3.er traste y pulsarla una vez. Pulsar la 4.ª cuerda una vez al aire, una vez pisada en el 2.º traste y una vez pisada en el 3.er traste. Pulsar la 3.ª cuerda una vez al aire.
En la mano derecha siempre deben irse alternando los movimientos del índice y del medio.
Si en una melodía aparecen números en paréntesis frente a una línea determinada, deberá repetirse esta línea cuando el número en paréntesis vuelva a aparecer.

Ejemplo:
1) IV-24   III-2   II-22200   III-2   II-02   IV-4
   I-222200   II-3320   III-2   II-20   III-2
                          1)
   I-222200   II-3320   III-22
En esta melodía la primera y tercera líneas son iguales.

I
II = Dos números romanos colocados uno encima del otro y unidos por un paréntesis, deben pulsarse al mismo tiempo.

Posiciones de los acordes

Para designar los acordes se emplean los nombres de las notas.
          Do   Re   Mi   Fa   Sol   La   Si
A veces se emplean las siete primeras letras del alfabeto.
          A   B   C   D   E   F   G
          La   Si   Do   Re   Mi   Fa   Sol
Los acordes de los tonos mayores se designan Do Re Mi Fa Sol La Si. En los acordes de los tonos menores se agrega la letra **m** en minúscula. do m, re m, mi m, fa m, etc... En los acordes de séptima se agrega el número 7. Do 7, Re 7, do m 7, re m 7, etc.

DO MAYOR

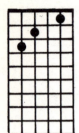   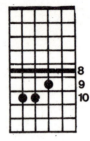 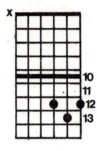

DO MAYOR 7ª

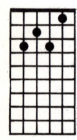  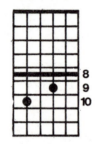 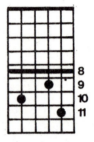 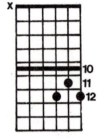

DO MENOR

 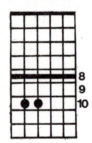 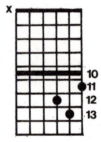

DO MENOR 7ª

 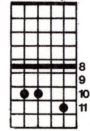

DO♯ MAYOR — RE♭ MAYOR

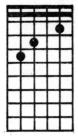 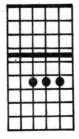 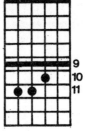

DO♯7 — RE♭7

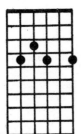 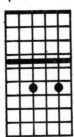 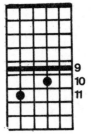

DO♯ MENOR — RE♭ MENOR

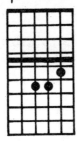 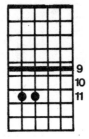

RE MAYOR

   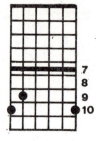 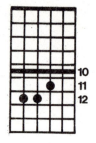

RE MAYOR 7ª

   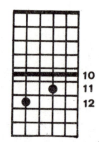 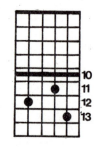

RE MENOR

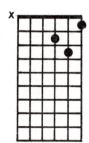   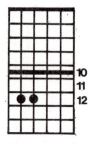

RE MENOR 7ª

  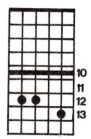

RE♯ MAYOR — MI♭ MAYOR

 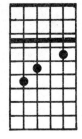 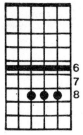

RE♯7 — MI♭7

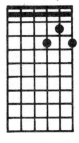 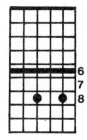

RE♯ MENOR — MI♭ MENOR

 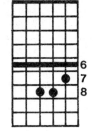

MI MAYOR

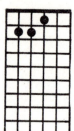  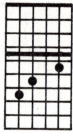 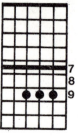

MI MAYOR 7ª

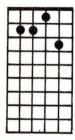    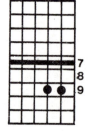

MI MENOR

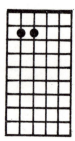  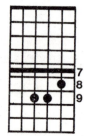

MI MENOR 7ª

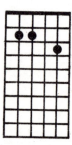  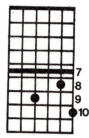

FA MAYOR

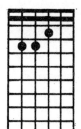  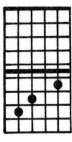 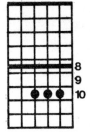

FA MAYOR 7ª

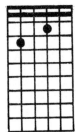 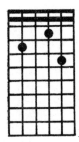 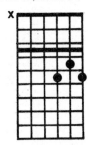 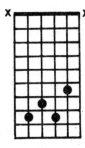 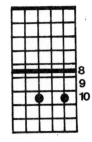

FA MENOR

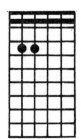  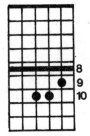

FA MENOR 7ª

 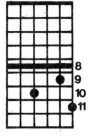

FA# MAYOR – SOL♭ MAYOR

  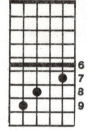 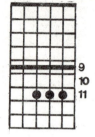

FA#7 – SOL♭7

 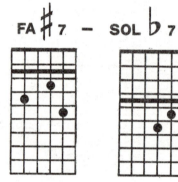  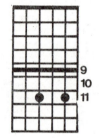

FA# MENOR – SOL♭ MENOR

  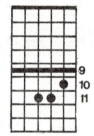

SOL MAYOR

  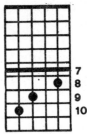 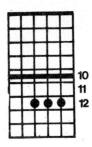

SOL MAYOR 7ª

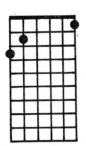  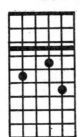  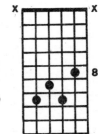 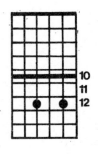

SOL MENOR

  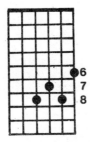 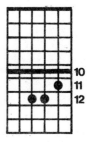

SOL MENOR 7ª

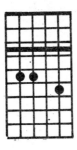 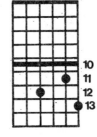

SOL♯ MAYOR – LA♭ MAYOR

SOL♯ 7 – LA♭ 7

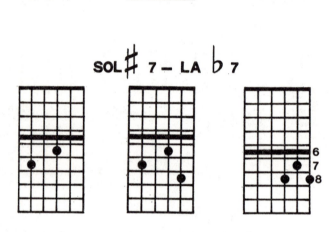

SOL♯ MENOR – LA♭ MENOR

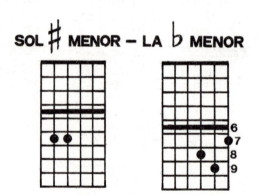

LA MAYOR

  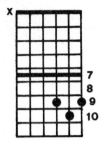 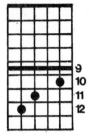

LA MAYOR 7ª

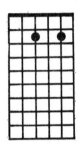 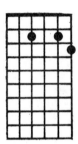 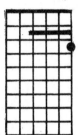  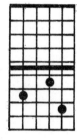 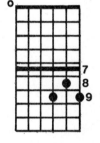

LA MENOR

 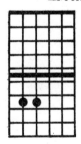 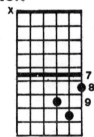 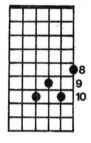

LA MENOR 7ª

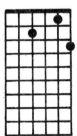  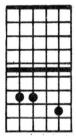

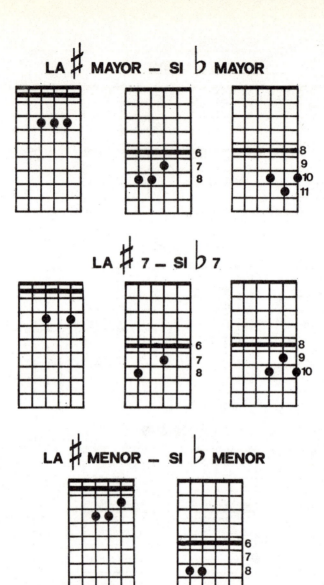

SI MAYOR

 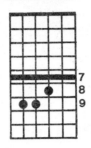 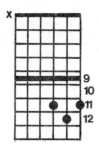

SI MAYOR 7ª

 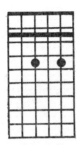 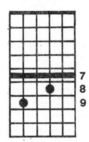 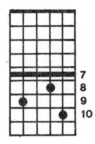 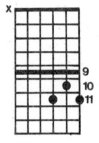

SI MENOR

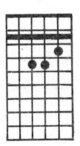 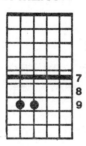 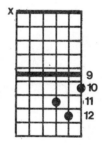

SI MENOR 7ª

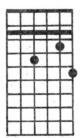 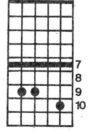

ACORDES DISMINUIDOS

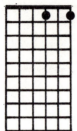  

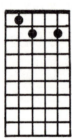  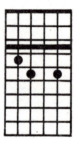

ACORDES AUMENTADOS

ALLÁ EN EL RANCHO GRANDE

 Do   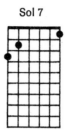 Sol 7

```
      Do                           Sol 7
Allá en el Rancho Grande allá donde vivía
                                    Do
había una rancherita que alegre me decía que alegre me decía
                 Sol 7                        Do
     Te voy a hacer los calzones como los usa el ranchero
                 Sol 7                   Do
     te los comienzo de lana te los acabo de cuero
                                   Sol 7
Allá en el Rancho Grande allá donde vivía
                                    Do
había una rancherita que alegre me decía que alegre me decía
                Sol 7                        Do
     Nunca te fíes de promesas ni mucho menos de amores
                Sol 7                    Do
     que si te dan calabazas verás lo que son ardores
                                   Sol 7
Allá en el Rancho Grande allá donde vivía
                                    Do
había una rancherita que alegre me decía que alegre me decía
                Sol 7                       Do
     Pon muy atento el oído cuando rechine la puerta
                  Sol 7                           Do
     hay muertos que no hacen ruido y son muy gordas sus penas
Allá en el Rancho Grande...
```

MELODÍA:

↓ ↓
P M

III-0	I-000	II-331	I-010123	II-0				
III-020	IV-4	III-0	I-1	II-3	III-020	IV-4	III-0	I-0	II-1
III-020	IV-2	III-0	II-1	I-0				
	III-0	II-1	I-03103	II-0	III-0	II-03	I-310	II-31

Do

ALLA EN EL RANCHO GRANDE

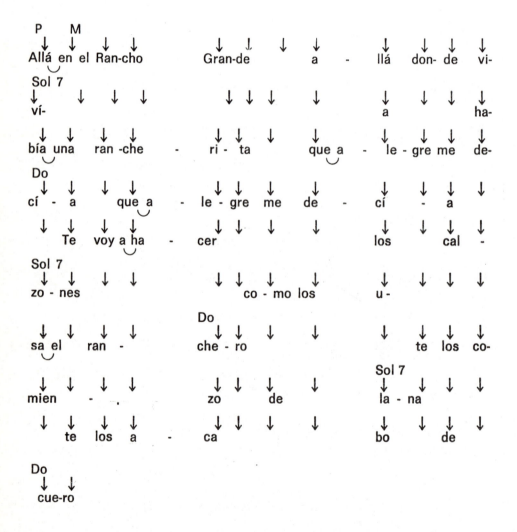

GUADALAJARA EN UN LLANO

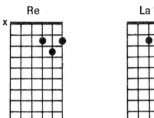

```
            Re                  La 7                Re
/:Guadalajara en un llano  México en una laguna:/
             Sol                      Re
   me he de comer esa tuna me he de comer esa tuna
              La 7                              Re
   me he de comer esa tuna aunque me espine las manos
            Re                   La 7             Re
/:Dicen que soy hombre malo malo y mal averiguao:/
             Sol                       Re
    porque me comí un durazno porque me comí un durazno
              La 7                             Re
    porque me comí un durazno de corazón colorado
     Re              La 7            Re
/:L'águila siendo animal se retrató en el dinero:/
      Sol            Re
 para subir al nopal para subir al nopal
       La 7                         Re
 para subir al nopal pidió permiso primero
           Re                La 7              Re
/:Ya se cayó el arbolito donde dormía el pavo real:/
             Sol                    Re
    ahora dormirá en el suelo ahora dormirá en el suelo
              La 7                          Re
    ahora dormirá en el suelo como cualquier animal
```

MELODÍA:

III-222   II-33233   I-22   II-3   I-00   II-233
I-02300233532   II-33   I-022
I-325   II-223   I-005323202   II-3

↓ ↓ ↓
P M M

GUADALAJARA EN UN LLANO

Re
↓ ↓   ↓   ↓ ↓ ↓   ↓ ↓ ↓   La 7 ↓ ↓ ↓
Gua-da   la-   ja -ra en un   lla – no   Mé -xi - co en

                          Re   Sol
↓ ↓   ↓   ↓ ↓ ↓   ↓ ↓ ↓   ↓ ↓ ↓
u - na   la-   gu - na   me he de   co - mer

                                                          Re
↓ ↓   ↓   ↓ ↓ ↓   ↓ ↓ ↓   ↓ ↓ ↓
e - sa   tu - na   me he de   co - mer

                                                          La 7
↓ ↓   ↓   ↓ ↓ ↓   ↓ ↓ ↓   ↓ ↓ ↓
e - sa   tu - na   me he de   co - mer

↓ ↓   ↓   ↓ ↓ ↓   ↓ ↓ ↓   ↓   ↓ ↓
e - sa   tu - na   aun-que me es-   pi   ne las

Re
↓ ↓   ↓
ma - nos

CIELITO LINDO

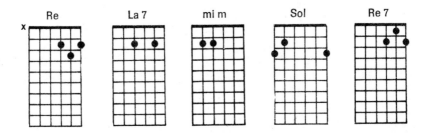

```
Re        La 7      Re    La 7 Re            mi m
De la Sierra Morena cielito lindo vienen bajando
La 7             mi m       La 7          Re
un par de ojitos negros cielito lindo de contrabando
      Re 7    Sol La 7     Re
      Ay ay ay ay canta y no llores
                        mi m
      porque cantando se alegran
                La 7         Re
      cielito lindo los corazones
Re    La 7     Re     La 7 Re            mi m
Pájaro que abandona cielito lindo su primer nido
La 7             mi m       La 7          Re
si lo encuentra ocupado cielito lindo bien merecido
      Ay ay ay ay......
Re    La 7    Re     La 7 Re            mi m
Ese lunar que tienes cielito lindo junto a la boca
La 7           mi m        La 7          Re
no se lo des a nadie cielito lindo que a mí me toca
      Ay ay ay ay......
```

MELODÍA:

```
II-3302     III-2     II-3302    III-2      II-3302     III-20   IV-2
II-22220    III-22    IV-24      III-02220  IV-420
            I-20      II-30      I-00       II-3        I-2      II-3
            III-2     II-0       III-2      II-00       III-2    I-33
            I-0       II-2       III-2      II-00       III-20   IV-420
```

CIELITO LINDO

Re	La 7	Re	La 7
P M M			
↓ ↓ ↓	↓ ↓ ↓	↓ ↓ ↓	↓ ↓ ↓
De la Sie-	rra Mo-	re - na cie-	li - to
Re		mi m	
↓ ↓ ↓	↓ ↓ ↓	↓ ↓ ↓	↓ ↓ ↓
lin - do vie-	nen ba-	jan - do	
La 7		mi m	
↓ ↓ ↓	↓ ↓ ↓	↓ ↓ ↓	↓ ↓ ↓
un par de o-	ji - tos	ne - gros cie	li - to
La 7		Re	
↓ ↓ ↓	↓ ↓ ↓	↓ ↓ ↓	↓ ↓ ↓
lin - do de	con - tra	ban - do	
Re 7		Sol	
↓ ↓ ↓	↓ ↓ ↓	↓ ↓	↓ ↓ ↓
Ay	ay ay	ay	
La 7		Re	
↓ ↓ ↓	↓ ↓ ↓	↓ ↓ ↓	↓ ↓ ↓
can-	ta y no	llo - res	por-
		mi m	
↓ ↓ ↓	↓ ↓ ↓	↓ ↓ ↓	↓ ↓ ↓
que can-	tan - do se a-	le - gran cie-	li - to
La 7		Re	
↓ ↓ ↓	↓ ↓ ↓	↓ ↓ ↓	↓ ↓ ↓
lin - do los	co - ra-	zo - nes	

EL REY

Re **La 7** **mi m** **Sol**

Re
Yo sé bien que estoy afuera pero el día que yo me muera
           mi m
sé que me vas a llorar
         La 7
dirás que no me quisiste pero vas a estar muy triste
        Re
y así te vas a quedar
       Sol
Con dinero o sin dinero hago siempre lo que quiero
        La 7
y mi palabra es la ley
  mi m   La 7 mi m   La 7
no tengo trono ni reina ni nadie que me comprenda
        Re
pero sigo siendo el rey

Re
Una piedra del camino me enseñó que mi destino
      mi m
era rodar y rodar
      La 7
después me dijo un arriero que no hay que llegar primero
      Re
pero hay que saber llegar
    con dinero o sin dinero......

↓ ↓ ↓ V ↑ —
P M M   i

MELODÍA:

I-222200   II-33   IV-4   III-2   II-332320   III-2
II-20   III-2   II-20   III-220
I-03030030003020   II-32
III-2   II-0   III-2   II-0   III-20   IV-4
    II-0232323002323230
    II-002323   I-0
    I-030200   II-32   I-030200   II-32
    II-23   I-0   II-2   I-20   II-3

EL REY

Re
↓ ↓ ↓ V ↑ — ↓ ↓ ↓ V ↑ — ↓ ↓ ↓ V ↑ —
Yo sé bien que estoy a- fue - ra   pe - ro el   día   que yo me

↓ ↓ ↓ V ↑ —   ↓ ↓ ↓ V ↑ — mi-m ↓ ↓ ↓ V ↑ —
ue - ra   sé que me vas a llo - rar   di-

            La 7
↓ ↓ ↓ V ↑ —   ↓ ↓ ↓ V ↑ —   ↓ ↓ ↓ V ↑ —
ás   que no me qui - sis - te   pe - ro   vas a es - tar muy

                                        Re
↓ ↓ ↓ V ↑ —   ↓ ↓ ↓ V ↑ —   ↓ ↓ ↓ V ↑ —
triste   y a - sí   te vas a que - dar

            Sol
↓ ↓ ↓ V ↑ —   ↓ ↓ ↓ V ↑ —   ↓ ↓ ↓ V ↑ —
            Con di - ne - ro o sin   di - ne - ro   ha - go

↓ ↓ ↓ V ↑ —   ↓ ↓ ↓ V ↑ —   ↓ ↓ ↓ V ↑ —
siem - pre   lo que quie-ro   y mi pa-la-bra es la

La 7   mi m   La 7
↓ ↓ ↓ V ↑ —   ↓ ↓ ↓ V ↑ —   ↓ ↓ ↓ V ↑ —
ley   no ten - go tro - no ni   rei - na   ni

mi m   La 7
↓ ↓ ↓ V ↑ —   ↓ ↓ ↓ V ↑ —   ↓ ↓ ↓ V ↑ —
- die que me com - pren-da   pe - ro   si - go sien-do el

↓ ↓ ↓ V ↑ —
rey

CANCIÓN DEL TAMBORILERO

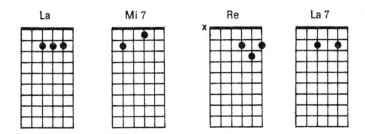

La   Re   La
El camino que lleva a Belén

                        Re   La
baja hasta el valle que la nieve cubrió

Mi 7
los pastorcillos quieren ver a su Rey

                     La 7   Re Mi 7   La   Mi 7
le traen regalos en su humilde zurrón ro po pom pom ro po pom pom

La   Re   La Mi 7   La
ha nacido en un portal de Belén el Niño Dios

    Yo quisiera poner a tus pies

    algún presente que te agrade Señor

    pues tú ya sabes que soy pobre también

    y no poseo más que un viejo tambor ro po pom pom ro po pom pom

    en tu amor frente al portal tocaré con mi tambor

El camino que lleva a Belén

yo voy marchando con mi viejo tambor

nada mejor hay que te pueda ofrecer

si con su acento es un canto de amor ro po pom pom ro po pom pom

cuando Dios me vio llegando ante él me sonrió

MELODÍA:

III-2   II-02223232
III-22   II-022223232
II-023   I-00020   II-320
II-023   I-0002320   II-3   I-20   II-321-0 II-320
III-2   II-0222232320   III-2   II-0   III-2

CANCIÓN DEL TAMBORILERO

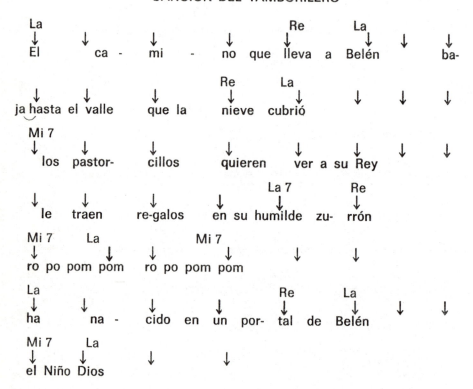

YO VENDO UNOS OJOS NEGROS

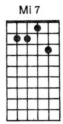

    La   Mi 7
Yo vendo unos ojos negros quién me los quiere comprar

                                          La
Los vendo por hechiceros porque me han pagado mal

             Mi 7   La
Más te quisiera más te amo yo

                Mi 7
y todas las noches lo paso

             La
suspirando por tu amor

La   Mi 7
Cada vez que tengo pena me voy a la orilla del mar

                                        La
a preguntarle a las olas si han visto a mi amor pasar

    Más te quisiera......

    La   Mi 7
Las flores de mi jardín con el sol se decoloran

                                    La
y los ojos de mi negro lloran por el bien que adoran

    Más te quisiera......

MELODÍA:

II-2   I-00   II-2   I-0   II-2   III-22   I-02202   II-23
II-033030   III-11   I-00   II-4   I-02   II-32
            I-502445420
            I-02002000   II-3
            I-42200   II-32

YO VENDO UNOS OJOS NEGROS

La
Yo ven-do u-nos o-jos   ne-gros   quién

me-los quiere com- Mi 7
                      prar   los

ven-do por he-chi- ce-ros   por-

que me han pa-ga-do   La
                      mal

Más   te qui- Mi 7
                      sie-ra

más   te a - mo   La
                      yo   y

to-das las no-ches lo Mi 7
                      pa - so sus-pi-

ran-   do por tu a- La
                      mor

PAISAJES DE CATAMARCA

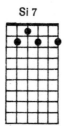

Mi   Si 7   Mi
Desde la cuesta del Portezuelo mirando abajo parece un sueño
                      La   Si 7   Mi
un pueblito acá otro más allá y un camino largo que baja y se pierde
                             Si 7   Mi
allí un ranchito sombreao de higuera y bajo un tala durmiendo un perro
                            La   Si 7   Mi
y al atardecer cuando baja el sol una majadita volviendo del cerro
                  La   Si 7   Mi
Paisajes de Catamarca con mil distintos tonos de verde
                      La   Si 7   Mi
un pueblito acá otro más allá y un camino largo que baja y se pierde
  Mi   Si 7   Mi
Y ya en la cuesta del Portezuelo con sus costumbres tan provincianas
              La   Si 7   Mi
el cañizo acá el tabaco allá y en la soga cuelgan quesillos de cabra
              Si 7   Mi
con una escoba de picharilla una chinita barriendo el patio
                 La   Si 7   Mi
y sobre el nogal centenario ya se oye un chalchalero que ensaya su canto

       Paisajes de Catamarca...

MELODÍA:

```
         II-000    I-420202    II-424      I-020     II-4    I-0    II-4    I-0    II-0
1)       III-11    II-22000002 III-22      II-2020   III-342121
         II-0      I-420202    II-224      I-020     II-4    I-0    II-4    I-0    II-0
                  1)
```

↓ —↑ ↓ ♀ ↓ —
P   P   P   P

PAISAJES DE CATAMARCA

Mi

↓ —↑ ↓ ♀ ↓ —   ↓ —↑ ↓ ♀ ↓ —
             Desde la   cues - ta del Por - te

Si 7

↓ —↑ ↓ ♀ ↓ —   ↓ —↑ ↓ ♀ ↓ —
zue - lo   mirando a- ba - jo pa - re - ce un

Mi

↓ —↑ ↓ ♀ ↓ —   ↓ —↑ ↓ ♀ ↓ —
sue - ño   un pue-blito a- cá   otro más a-
La   Si 7

↓ —↑ ↓ ♀ ↓ —   ↓ —↑ ↓ ♀ ↓ —
llá   y un ca-mino   lar - go que ba- ja y se pier-

Mi

↓ —↑ ↓ ♀ ↓ —   ↓ —↑ ↓ ♀ ↓ —
de   Pai-   sa - jes de Ca - ta-
La   Si 7

↓ —↑ ↓ ♀ ↓ —   ↓ —↑ ↓ ♀ ↓ —
mar - ca con mil dis-   tin - tos to - nos de
Mi

↓ —↑ ↓ ♀ ↓ —   ↓ —↑ ↓ ♀ ↓ —
ver - de   un pue-blito a- cá   otro más a-
La   Si 7

↓ —↑ ↓ ♀ ↓ —   ↓ —↑ ↓ ♀ ↓ —
llá   y un ca-mino   lar - go que ba - ja y se pier-

Mi

↓ —↑ ↓ ♀ ↓ —
de

ZAMBA DE MI ESPERANZA

Do   Sol 7
Zamba de mi esperanza amanecida como un querer
   Fa   Do   Sol 7   Do
/:caricia de tu pañuelo que va envolviendo mi corazón:/
Do   Sol 7
Zamba a ti te canto porque tu canto derrama amor
   Fa   Do   Sol 7   Do
/:caricia de tu pañuelo que va envolviendo mi corazón:/
          Do   Sol 7   Do
   Estrella tú que miraste tú que escuchaste mi padecer
                                       Sol 7   Do
   estrella deja que cante deja que quiera como yo sé
           Fa   Do   Sol 7   Do
   estrella deja que cante deja que quiera como yo sé
Do   Sol 7
El tiempo que va pasando como la vida no vuelve más
   Fa   Do   Sol 7   Do
/:el tiempo me va matando y tu cariño será será:/
   Do   Sol 7
Hundido en el horizonte soy polvareda que al viento va
Fa   Do   Sol 7   Do
/:zamba ya no me dejes yo sin tu canto no vivo más:/
       Estrella tú que......

MELODÍA:

II-1 III-00 II-13 I-0 II-1 III-0 II-13 I-003 II-1 I-0 II-3
I-1 III-22 II-3 I-10 III-00 II-1 I-0 II-33331 I-0
1) I-5555530 III-0 II-1 I-31 II-30 III-2 II-01

I-000033311111110 II-31 I-0
II-11 III-00 II-13 I-0 II-1 III-0 II-1 I-0 II-33331 I-0
1)

ξ — ↓ ♀ ↓ —
M   P   P

ZAMBA DE MI ESPERANZA

Do
↓ — ↓ ♀ ↓ — ↓ — ↓ ♀ ↓ —
Zam-ba   de mi espe - ran - za   amane-

                    Sol 7
↓ — ↓ ♀ ↓ — ↓ — ↓ ♀ ↓ —
ci - da co-mo un que-   rer

Fa   Do
↓ — ↓ ♀ ↓ — ↓ — ↓ ♀ ↓ —
sue-ño   sueño del al - ma   que a veces

Sol 7   Do
↓ — ↓ ♀ ↓ — ↓ — ↓ ♀ ↓ —
mue-re sin flo-re-   cer

Fa   Do
↓ — ↓ ♀ ↓ — ↓ — ↓ ♀ ↓ —
sue-ño sue-ño del   al - ma que a ve-ces

Sol 7   Do
↓ — ↓ ♀ ↓ — ↓ — ↓ ♀ ↓ —
mue-re sin flo - re   cer

                            Sol 7
↓ — ↓ ♀ ↓ — ↓ — ↓ ♀ ↓ —
Es - tre - lla tú que mi-   ras - te   tú que escu-

                            Do
↓ — ↓ ♀ ↓ — ↓ — ↓ ♀ ↓ —
chas-te mi pa - de-   cer   es-

↓ — ↓ ♀ ↓ — ↓ — ↓ ♀ ↓ —
tre - lla   deja que   can - te   deja que

Sol 7					Do				
↓	—	↓	♀	↓	↓	—	↓	♀	↓ —
quie-ra		co-mo		yo	sé				es-

Fa					Do				
↓	—	↓	♀	↓ —	↓	—	↓	♀	↓ —
tre - lla		de - ja		que	can - te		de - ja		que

Sol 7					Do				
↓	—	↓	♀	↓ —	↓	—	↓	♀	↓ —
quie-ra		co-mo		yo	sé				

GUANTANAMERA

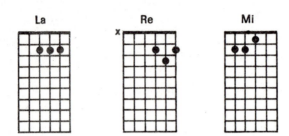

```
   La        Re        Mi         La  Re   Mi
Yo soy un hombre sincero de donde cre-ce la palma
   La        Re        Mi         La  Re   Mi
yo soy un hombre sincero de donde cre-ce la palma
            La        Re Mi        La       Re Mi
y antes de morir yo quiero echar mis versos del al-ma
        Re         Mi       La     Re Mi
     Guantanamera guajira guantanamera
        La    Re Mi       La     Re Mi
     guantanamera guajira guantanamera
   La        Re        Mi         La Re      Mi
/: Con los pobres de la tierra quiero yo mi suerte echar:/
        La       Re Mi       La          Re  Mi
     el arroyo de la sierra me complace más que el ma-ar
        Guantanamera guajira......
   La        Re        Mi            La Re     Mi
/:Mi verso de un verde claro y de un carmín encendido:/
             La       Re Mi           La       Re Mi
     mi verso es un ciervo herido que en el monte busca amparo
        Guantanamera guajira......
```

MELODÍA:

```
III-2  II-0   III-2   II-00    III-2    II-000232  III-2   IV-4   II-00
III-2  II-0   III-2   II-00    III-2    II-00      I-0000  II-3200
II-023 I-000202 II-30 III-221  IV-42
       I-22222II-3 I-2 II-2    I-02     II-2       I-00
       II-23  I-0202 II-30     III-221  IV-42
```

↓ ↑ ↓ ↓
P P M M

GUANTANAMERA

La ↓	↑ ↓ ↓	Re ↓ ↑ ↓ ↓	Mi ↓ ↑ ↓ ↓
	Yo soy un	hom - bre sin -	ce - ro

↓ ↑ ↓ ↓ | La ↓ ↑ ↓ ↓ | Re ↓ ↑ ↓ ↓
de don - de | cre - | ce la

Mi ↓ ↑ ↓ ↓ | ↓ ↑ ↓ | La ↓ ↑ ↓ ↓
pal - ma | y an - tes de | mo - rir yo

Re ↓ ↑ ↓ ↓ | Mi ↓ ↑ ↓ ↓ | ↓ ↑ ↓ ↓
quie - | ro | e - char mis

La ↓ ↑ ↓ ↓ | Re ↓ ↑ ↓ ↓ | Mi ↓ ↑ ↓ ↓
ver - sos del | al - | ma

Re ↓ ↑ ↓ ↓ | ↓ ↑ ↓ ↓ | Mi ↓ ↑ ↓ ↓
Guan - ta - na | me ra |

↓ ↑ ↓ ↓ | La ↓ ↑ ↓ ↓ | La ↓ ↑ ↓ ↓
gua - ji - ra | guan - ta na - | me - ra

Mi ↓ ↑ ↓ ↓ | ↓ ↑ ↓ ↓ | La ↓ ↑ ↓ ↓
 | | Guan - ta - na

Re ↓ ↑ ↓ ↓ | Mi ↓ ↑ ↓ ↓ | ↓ ↑ ↓ ↓
me - | ra | gua - ji - ra

La ↓ ↑ ↓ ↓ | Re ↓ ↑ ↓ ↓ | Mi ↓ ↑ ↓ ↓
guan - ta - na - me | - | ra

FALLASTE CORAZÓN

    Do   Fa   Do
Y tú que te creías el rey de todo el mundo

                               Sol 7
Y tú que nunca fuiste capaz de perdonar

y cruel y despiadado de todo te reías

                          Do
hoy imploras cariño aunque sea por piedad

                  Fa   Do
Adónde está tu orgullo adónde está el coraje

           Do 7   Fa
porque hoy que estás vencido mendigas caridad

                                Do
ya ves que no es lo mismo amar que ser amado

         Sol 7   Do
hoy que estás acabado que lástima me das

Sol 7   Do
Maldito corazón me alegro que ahora sufras

       Sol 7   Do
que llores y te humilles ante este gran amor

        Fa   Do
la vida es la ruleta en que apostamos todos

     Do 7   Fa
y a ti te había tocado no más la de ganar

                         Do
pero hoy tu buena suerte la espalda te ha volteado

   Sol 7   Do
fallaste corazón no vuelvas a apostar

MELODÍA:

```
1)   III-0   I-0     II-3    I-0    II-3    I-00    III-0    II-1010   III-20
     III-0   I-0     II-3    I-0    II-3    I-00    II-1301  III-2     II-0
     III-0   I-10101 II-30301 III-2  II-10
     II-3331 III-2   II-10   III-2  II-010  III-20
              1)
          2)  III-0   I-0    II-3   I-0    II-3    I-00    II-13131  III-2
          3)  III-2   I-10101 II-33  I-1    II-3    I-3310
          4)  I-010   II-3   I-01   II-3334031
/: I-030100   II-303010   III-20 :/
   1)   2)   3)   4)
```

FALLASTE CORAZÓN

SON TUS PERJÚMENES

Mi   Si 7
Son tus perjúmenes mujer los que me sulibeyan
                        Mi
los que me sulibeyan son tus perjúmenes mujer
                                    Si 7
    Tus ojos son de colibrí ¡ay! cómo me aleteyan
                             Mi
    ¡ay! cómo me aleteyan tus ojos son de colibrí
Son tus perjúmenes......
                                  Si 7
    Tus labios pétalos de flor cómo me soripeyan
                            Mi
    cómo me soripeyan tus labios pétalos de flor
Son tus perjúmenes......
                                  Si 7
    Tus pechos cántaros de miel cómo reverbereyan
                              Mi
    cómo reverbereyan tus pechos cántaros de miel
Son tus perjúmenes......
                                Si 7
    Tu cuerpo chúcaro mi bien ¡ay! cómo me almareya
                            Mi
    ¡ay! cómo me almareya tu cuerpo chúcaro mi bien
Son tus perjúmenes......

MELODÍA:

II-0002220   III-1   II-000242   III-2
II-44444   I-0   II-42002220 III-1

SON TUS PERJÚMENES

Mi
↓   ↓ ↓ ↓   ↓   ♀   ↓   ↓ ↓ ↓   ♀
    Son tus   per-   júme-nes mu - jer

Si 7
↓   ↓ ↓ ↓   ♀   ↓   ↓ ↓   ↓   ♀
    los que me su - li-   be - yan

↓   ↓ ↓ ↓   ♀   ↓   ↓ ↓   ↓   ♀
    los que me su - li-   be - yan

Mi
↓   ↓ ↓ ↓   ♀   ↓   ↓ ↓ ↓   ♀
    son tus   per-   júme-nes mu - jer

CUCURRUCUCU

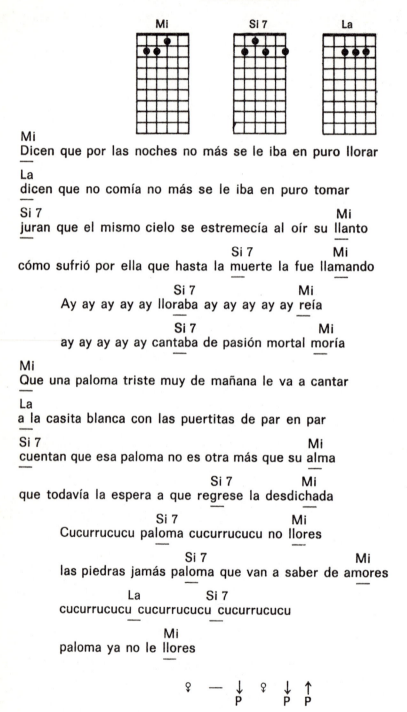

Mi
Dicen que por las noches no más se le iba en puro llorar

La
dicen que no comía no más se le iba en puro tomar

Si 7   **Mi**
juran que el mismo cielo se estremecía al oír su llanto

                    Si 7   **Mi**
cómo sufrió por ella que hasta la muerte la fue llamando

          Si 7   **Mi**
Ay ay ay ay ay lloraba ay ay ay ay ay reía

          Si 7   **Mi**
ay ay ay ay ay cantaba de pasión mortal moría

Mi
Que una paloma triste muy de mañana le va a cantar

La
a la casita blanca con las puertitas de par en par

Si 7   **Mi**
cuentan que esa paloma no es otra más que su alma

               Si 7   **Mi**
que todavía la espera a que regrese la desdichada

          Si 7   **Mi**
Cucurrucucu paloma cucurrucucu no llores

            Si 7   **Mi**
las piedras jamás paloma que van a saber de amores

       La   **Si 7**
cucurrucucu cucurrucucu cucurrucucu

        Mi
paloma ya no le llores

MELODÍA:

II-00   III-3   II-0   III-3   II-00   III-3   II-0   III-3   II-00   III-3   II-0   III-3   II-0
II-2202022020220202
II-442424424244   I-20   II-4   I-0   II-0
II-00   III-3   II-0   III-3   II-00   III-3   II-0   III-3   II-0   III-2   II-200   III-21

/:I-424242542   545475420:/
I-42424   54545   75757
I-277775420

CUCURRUCUCU

Mi
♀ — ↓ ♀ ↓ ↑ ♀ — ↓ ♀ ↓ ↑
Di - cen que por las   no - ches no más se

♀ — ↓ ♀ ↓ ↑ ♀ — ↓ ♀ ↓ ↑
le i-ba en pu - ro llo- rar

La
♀ — ↓ ♀ ↓ ↑ ♀ — ↓ ♀ ↓ ↑
di - cen que no co- mí - a no más se

♀ — ↓ ♀ ↓ ↑ ♀ — ↓ ♀ ↓ ↑
le i-ba en pu - ro to- mar

Si 7
♀ — ↓ ♀ ↓ ↑ ♀ — ↓ ♀ ↓ ↑
ju - ran que el mis-mo cie - lo se es - tre - me-

                              Mi
♀ — ↓ ♀ ↓ ↑ ♀ — ↓ ♀ ↓ ↑
cí - a al o - ír su llan - to

♀ — ↓ ♀ ↓ ↑ ♀ — ↓ ♀ ↓ ↑
có - mo su - frió por e - lla que has - ta la

Si 7   Mi
♀ — ↓ ♀ ↓ ↑ ♀ — ↓ ♀ ↓ ↑
muer - te la fue lla- man - do

LOS EJES DE MI CARRETA

la m  Mi 7  Fa

```
    la m                  Mi 7                    la m
/:Porque no engraso los ejes me llaman abandonao:/

    Fa                Mi 7        Fa      Mi 7        la m
/:si a mí me gusta que suenen pa qué los quiero engrasar:/

    la m              Mi 7                    la m
/:Es demasiado aburrido seguir y seguir la huella:/

    Fa                Mi 7        Fa    Mi 7        la m
/:andar y andar los caminos sin nada que lo entretenga:/

    la m              Mi 7                        la m
/:No necesito silencio yo no tengo en quién pensar:/

    Fa              Mi 7      Fa      Mi 7      la m
/:tenía pero hace tiempo ahora ya no tengo na:/
```

V II III IV I III II III

MELODÍA:

II-13 I-010 II-4 I-0 II-3 I-010 II-4 I-0 II-4 I-0
II-1313101001 III-2 II-0 III-212

LOS EJES DE MI CARRETA

```
la m                                    Mi 7
V   II   III   IV   I   III   II   III   V   II   III   IV   I   III   II   III
Por- que  no engra-    so  los   e - jes                                     me
                                     la m
V   II   III   IV   I   III   II   III   V   II   III   IV   I   III   II   III
llaman            a - ban - do - nao
Fa                                      Mi 7
V   II   III   IV   I   III   II   III   V   II   III   IV   I   III   II   III
   si a  mí   me  gus -  ta  que sue - nen                                   pa
Fa                   Mi 7              la m
VI   III   II   I   VI   III   II   I   V   II   III   IV   I   III   II   III
qué        los  quiero en - gra - sar
```

LAS DOS PUNTAS

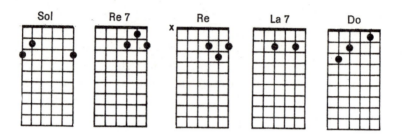

Sol   Re 7   Sol
Cuando pa Chile me voy cruzando la Cordillera
              Re 7   Sol
/:late el corazón contento una chilena me espera:/
              Re 7   Sol
y cuando vuelvo de Chile entre cerros y quebradas
              Re 7   Sol
/:late el corazón contento pues me espera una cuyana:/
    La 7   Re   La 7   Re
Viva la chicha y el vino viva la cueca y la zamba
     Do   Sol   Re 7   Sol
/:dos puntas tiene el camino y en las dos alguien me aguarda:/
Sol   Re 7   Sol
Yo bailo la cueca en Chile y en Cuyo bailo la zamba
            Re 7   Sol
/:en Chile con la chilena y con la otra en Calingasta:/
          Re 7   Sol
vida triste vida alegre esa es la vida de arriero
          Re 7   Sol
/:penitas en el camino y risa al fin del sendero:/
   Viva la chicha......

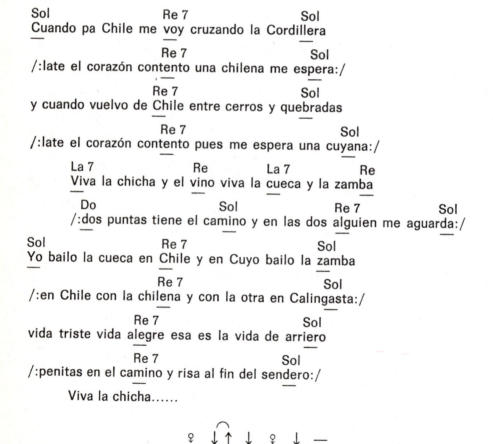

MELODÍA:

```
II-3      I-02320322532320    II-3
II-3333   I-000               II-111113330
          I-5555332202353232
          I-0000000           II-323231010
```

LAS DOS PUNTAS

Sol … Re 7
Cuan - do pa Chi - le me vo - oy … cru-

… Sol
zan - do la Cor - di - lle - ra … la-

… Re 7
te el co - ra - zón con- ten - to … u-

… Sol
na chi - le - na me es pe - ra

La 7 … Re
Vi - va la chi - cha y el vi - no vi - va la

La 7 … Re
cue - ca y la zam- ba

Do … Sol
dos pun - tas tie-ne el ca- mi - no y en las dos

Re 7 … Sol
al - guien me aguar- da

ÉCHAME A MÍ LA CULPA

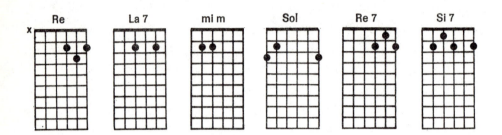

Re
Sabes mejor que nadie que me fallaste

                          La 7
que lo que prometiste se te olvidó

mi m   La 7
sabes a ciencia cierta que me engañaste

                      Re
aunque nadie te amara igual que yo

lleno estoy de razones pa despreciarte

          Re 7   Sol
y sin embargo quiero que seas feliz

    /:Que allá en el otro mundo

          Re   Si 7
en vez de infierno encuentres gloria

        mi m   La 7   Re
y que una nube de tu memoria me borre a mí:/

La 7   Re
Dile al que te pregunte que no te quise

La 7   Re
dile que te engañaba que fui lo peor

échame a mí la culpa de lo que pasa

        Re 7   Sol
cúbrete tú la espalda con mi dolor

    Que allá en el otro mundo...

MELODÍA:

1) III-220   IV-4   III-0222   II-3   III-20   IV-4
    I-220203202   II-32
    I-00   II-323   I-00   II-2320   III-2
    II-2202032320   III-2
          1)
2) I-22020320   II-310
          II-0   I-320233053220   II-3   I-022
          II-0   I-3200   II-323   I-02320   II-3
    /: I-00   II-323   I-00   II-2320   III-2   :/
          1)   2)

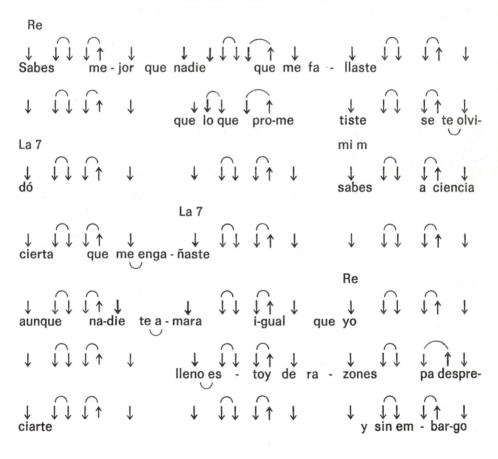

ÉCHAME A MÍ LA CULPA

ALMA, CORAZÓN Y VIDA

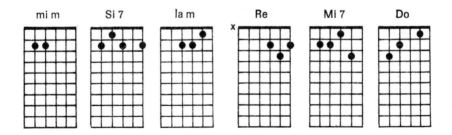

    mi m   Mi 7   la m
Recuerdo aquella vez que yo te conocí
            mi m   Si 7   mi m
recuerdo aquella tarde pero no me acuerdo ni cómo te vi
       Mi 7   la m
pero sí te diré que yo me enamoré
         mi m   Si 7   mi m
de esos tus lindos ojos de tus labios rojos que no olvidaré

                       Re
Oye esta canción que lleva alma corazón y vida
Do   Si 7
estas tres cositas nada más te doy
mi m   Re
porque no tengo fortuna estas tres cosas te ofrezco
Do   Si 7
alma corazón y vida nada más

 la m   mi m
/:Alma para conquistarte corazón para quererte
 Si 7   mi m
y vida para vivirla junto a ti:/

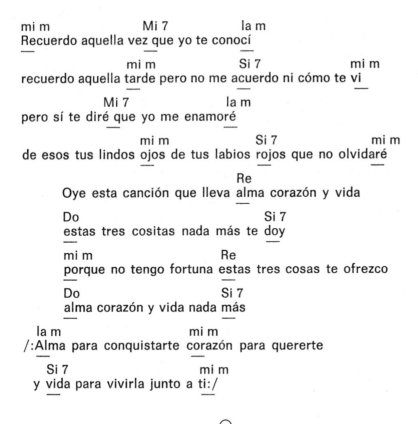

MELODÍA:

```
IV-24   III-0    IV-42    II-001310   I-0
III-2   II-01310 III-02   II-010   III-2   IV-4   III-02   II-0   III-20
        I-00     II-00    III-0    II-0    I-00   II-33    III-22 IV-4  III-2  II-33
        II-11    III-00   IV-2     III-0   II-10310
III-2   II-1     III-2    II-1     III-2   II-1   I-00
III-0   II-0     III-0    II-0     III-0   II-0   I-00
II-24424244      I-020
```

ALMA, CORAZÓN Y VIDA

mi m
Re - cuerdo a - quella vez

Mi 7   la m
que yo te cono- cí

mi m
re - cuerdo a - quella tar-de pero no me a-

Si 7   mi m
cuerdo ni có - mo te vi

mi m
o-ye es - ta can-ción que lle-va

Re
al-ma cora - zón y vi-da

Do
es-tas tres co-sitas na-da más te

Si 7
↓↑ ♀ ♀ ↓↑ ♀ ♀
doy

la m
↓↑ ♀ ♀ ↓↑ ♀ ♀
al-ma   para   conquis- tar-te

mi m
↓↑ ♀ ♀ ↓ ↑ ♀ ♀
co-ra- zón pa-ra que- rer-te   y

Si 7
↓↑ ♀ ♀ ↓↑ ♀ ♀
vi-da   para   vi-   vir-la   jun - to a

mi m
↓↑ ♀ ♀
ti

63

ALMA LLANERA

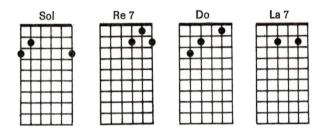

Sol   La 7   Re 7
Yo nací en una ribera del Arauca vibrador

Do   Re 7 Do   Re 7
soy hermana de la espuma de las garzas de las rosas

Do   Re 7   Sol
soy hermana de la espuma de las garzas de las rosas

Re 7   Sol Re 7 Sol
y del sol y del sol

                       La 7   Re 7
Me arrulló la viva diana de la brisa en el palmar

Do   Re 7 Do   Re 7
y por eso tengo el alma como el alma primorosa

Do   Re 7   Sol
y por eso tengo el alma como el alma primorosa

Re 7   Sol Re 7   Sol
del cristal del cristal

        Sol Do   Re 7 Sol
       Amo canto lloro sueño

                   Re 7   Sol
     con claveles de pasión con claveles de pasión

          Do   Re 7 Sol
       amo canto lloro sueño

                   Re 7   Sol
     para ornar las bellas crines del potro de mi amador

```
              Re 7                    Sol
   yo nací en una ribera del Arauca vibrador
                Re 7                  Sol   Re 7 Sol
   soy hermana de la espuma de las garzas de las rosas y del sol
```

MELODÍA:

```
II-03   I-3253753253202
I-0033332   II-3   I-0033332   II-3
I-0033332   II-333   I-0   II-11130   II-1   III-2   II-31   III-20
            II-33   I-0022   II-33   I-735230   II-1   I-52302   II-30
            II-33   I-0022   II-33   I-7352302   II-33   I-0   II-310   III-20
            II-3333103   III-2   II-11110   III-20
            II-3333103   III-22   II-013   I-02375   II-3   I-3
```

ALMA LLANERA

```
Sol
↓    ↑   ♀   ↑   ↓   ↑      ↓   ↑   ♀   ↑   ↓   ↑
         Yo      na-         cí en       u - na  ri-
                                La 7
↓    ↑   ♀   ↑   ↓   ↑      ↓   ↑   ♀   ↑   ↓   ↑
be-          ra  del A-     rau-        ca  vi - bra-
Re 7
↓    ↑   ♀   ↑   ↓   ↑      ↓   ↑   ♀   ↑   ↓   ↑
dor
Do
↓    ↑   ♀   ↑   ↓   ↑      ↓   ↑   ♀   ↑   ↓   ↑
         soy    her-        ma-         na  de  la es-
Re 7
↓    ↑   ♀   ↑   ↓   ↑      ↓   ↑   ♀   ↑   ↓   ↑
pu - ma
Do
↓    ↑   ♀   ↑   ↓   ↑      ↓   ↑   ♀   ↑   ↓   ↑
         de     las         gar   -   zas  de  las
Re 7
↓    ↑   ♀   ↑   ↓   ↑      ↓   ↑   ♀   ↑   ↓   ↑
ro - sas
```

Do	↓	↑	♀	↑	↓	↑	↓	↑	♀	↓	↑
			soy		her-		ma -		na	de	la-es-
Re 7	↓	↑	♀	↑	↓	↑	↓	↑	♀	↓	↑
	pu -		ma	de	las		gar -		zas	de	las
Sol	↓	↑	♀	↑	↓	↑	Re 7 ↓	↑	♀	↓	↑
	ro -		sas					y		del	
Sol	↓	↑	♀	↑	↓	↑	↓	↑	♀	↑	↓	↑
	sol											
Re 7	↓	↑	♀	↑	↓	↑	↓	↑	♀	↑	↓	↑
								y			del	
Sol	↓	↑	♀	↑	↓	↑	↓	↑	♀	↑	↓	↑
	sol											
Sol	↓	↑	♀	↑	↓	↑	Do ↓	↑	♀	↓	↑
	a -		mo				can-	to			
Re 7	↓	↑	♀	↑	↓	↑	Sol ↓	↑	♀	↓	↑
	llo -		ro				sue-	ño			
	↓	↑	♀	↑	↓	↑	Re 7 ↓	↑	♀	↓	↑
	con	cla - ve - les	de	pa-			sión				
	↓	↑	♀	↑	↓	↑	Sol ↓	↑	♀	↓	↑
	con	cla - ve - les	de	pa-			sión				
	↓	↑	♀	↑	↓	↑	Re 7 ↓	↑	♀	↓	↑
	pa -	ra or - nar	las	be - llas			cri -		nes	del	
	↓	↑	♀	↑	↓	↑	Sol ↓	↑	♀	↓	↑
	po -		tro	de	mi a - ma-		dor				
	↓	↑	♀	↑	↓	↑	Re 7 ↓	↑	♀	↓	↑
	yo -	na - ci en	es - ta	ri-			be -	ra			

						Sol					
↓	↑	♀	↑	↓	↑	↓	↑	♀	↑	↓	↑
del	A -	rau -	ca	vi -	bra	dor					

						Re 7					
↓	↑	♀	↑	↓	↑	↓	↑	♀	↑	↓	↑
soy	her -	ma -	na	de	la es-	pu - ma					

						Sol					
↓	↑	♀	↑	↓	↑	↓	↑	♀	↑	↓	↑
de	las	gar -	zas	de	las	ro -	sas				

						Re 7					
↓	↑	♀	↑	↓	↑	↓	↑	♀	↑	↓	↑

						Sol					
↓	↑	♀	↑	↓	↑	↓	↑	♀	↑	↓	↑
		y		del		sol					

ADELITA

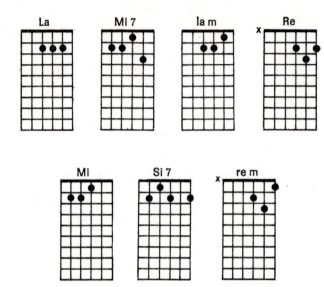

    La
En lo alto de una abrupta serranía

                          Mi 7
acampado se encontraba un regimiento

y una moza que valiente los seguía

                    La
locamente enamorada del sargento

popular entre la tropa la Adelita

                       Mi
la mujer que el sargento idolatraba

      Si 7   Mi
porque a más de ser valiente era bonita

      Si 7   ↓ Mi
y hasta el mismo coronel la respetaba

```
           re m       la m       Si 7          Mi 7
y se oía que decía aquel que tanto la quería
                   La    Mi 7       La
        Que si Adelita quisiera ser mi novia
                   Re         Mi 7
        que si Adelita fuera mi mujer
                                       La
        le compraría un vestido de seda
                   Mi 7           La
        para llevarla a bailar al cuartel
```

Una noche que la escolta regresaba

conduciendo entre sus filas al sargento

y una voz de mujer que sollozaba

una plegaria se escuchó en el campamento

al oírla el sargento temeroso

de perder para siempre a su adorada

ocultando su emoción bajo el embozo

a su amada le cantó de esta manera

y se oía que decía aquel que tanto la quería

        Que si Adelita se fuera con otro

        la seguiría por tierra y por mar

        si por mar en un buque de guerra

        si por tierra en un tren militar

        y si acaso yo muero en la guerra

        y mi cadáver lo van a sepultar

        Adelita por Dios te lo ruego

        que con tus ojos me vayas a llorar

```
  ↓    ↓         ⎧ I          ⎧ I
  P    M     V   ⎨ II    VI   ⎨ II
                 ⎩ III        ⎩ III
```

MELODÍA:

1) IV-2   III-2   II-2220222022
2) III-2   II-2   I-0000220   II-4   I-0   II-0
    II-320   III-21   IV-4   III-121   IV-4   III-11
    II-0   III-2121   IV-4   III-121   IV-422
                1)   2)
    II-024422020   III-21   II-0
    II-0244220   III-3   II-0   I-420
    I-02   II-333   I-0   II-11111010   III-21   II-0   I-0

         IV-2   III-2   II-2   I-00   II-233302   I-0
         II-23   I-022220204
         I-4442020   II-3   I-20
         II-223   I-0   II-4   I-020   II-32

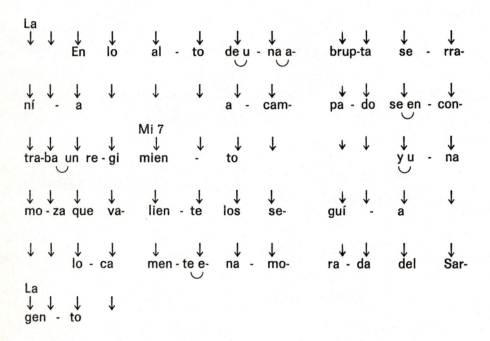

```
                        La                          Mi 7
 ↓   ↓   ↓    ↓         ↓    ↓     ↓     ↓          ↓    ↓      ↓     ↓
   Que  si  Ade-        li    -    ta    qui-       sie - ra   ser   mi
La                                                  Re
 ↓   ↓   ↓    ↓         ↓    ↓     ↓     ↓          ↓    ↓      ↓     ↓
no-via                      que  si-A - de-         li    -    ta
                        Mi 7
 ↓   ↓   ↓    ↓         ↓    ↓     ↓     ↓          ↓    ↓      ↓     ↓
fue-ra  mi  mu-        jer                               le   com  - pra
                                                    La
 ↓   ↓   ↓    ↓         ↓    ↓     ↓     ↓          ↓    ↓      ↓     ↓
rí   -  a un ves-       ti    -    do    de         se - da
                        Mi 7
 ↓   ↓   ↓    ↓         ↓    ↓     ↓     ↓          ↓    ↓      ↓     ↓
    pa - ra  lle-      var    -   la a  bai-       lar         al   cuar-
La
 ↓   ↓   ↓    ↓
tel
```

GRACIAS A LA VIDA

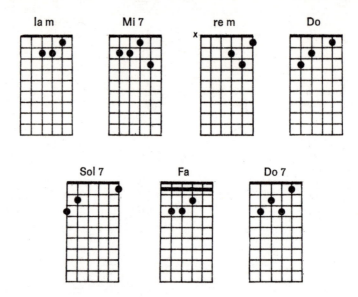

la m   re m   Mi 7   la m
Gracias a la vida que me ha dado tanto

               Sol 7   Do
me dio dos luceros que cuando los abro

          Do 7   Fa
perfecto distingo lo negro del blanco

          Mi 7   la m
y en el alto cielo su fondo estrellado

          Mi 7   la m
y en las multitudes el hombre que yo amo

     Gracias a la vida que me ha dado tanto

     me ha dado el oído que en todo su ancho

     graba noche y día grillos y canarios

     martillos turbinas ladridos chubascos

     y la voz tan tierna de mi bienamado

Gracias a la vida que me ha dado tanto
me ha dado el sonido y el abecedario
con él las palabras que pienso y declaro
madre amigo hermano y luz alumbrando
la ruta del alma del que estoy amando
   Gracias a la vida que me ha dado tanto
   me ha dado la marcha de mis pies cansados
   con ellos anduve ciudades y charcos
   playas y desiertos montañas y llanos
   y la casa tuya tu calle y tu patio
Gracias a la vida que me ha dado tanto
me dio el corazón que agita su marco
cuando miro el fruto del cerebro humano
cuando miro el bueno tan lejos del malo
cuando miro el fondo de tus ojos claros
   Gracias a la vida que me ha dado tanto
   me ha dado la risa y me ha dado el llanto
   así yo distingo dicha de quebranto
   los dos materiales que forman mi canto
   y el canto de ustedes que es el mismo canto
   y el canto de todos que es mi propio canto
Gracias a la vida que me ha dado tanto......

MELODÍA:

```
I-00001    II-03331   I-0    III-2
II-11111   III-0   I-00000   II-1
I-00000    II-33333331
II-111110013   I-010
II-33333101   I-0   II-10   III-2
```

GRACIAS A LA VIDA

la m				re m		
Gra - cias a	la	vi -	da			

Mi 7 · que me ha da - do **la m** tan - to

me dio dos lu - **Sol 7** ce - ros

que cuan - do los **Do** a - bro

per - fec - to dis - **Do 7** tin - go

lo ne - gro del **Fa** blan - co

y en el al - to **Mi 7** cie - lo su fon - do es - tre-

la m lla - do y en las mul - ti-

Mi 7 tu - des al hom - bre que yo a - **la m** mo

MALAGUEÑA SALEROSA

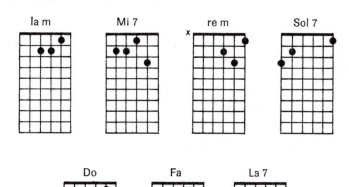

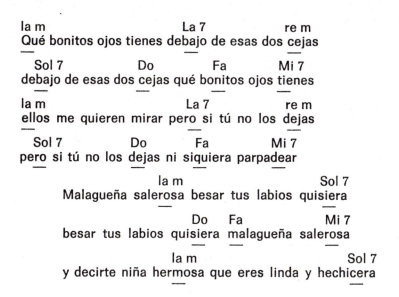

　la m　　　　　　　　La 7　　　　　　　re m
Qué bonitos ojos tienes debajo de esas dos cejas

　　Sol 7　　　　　Do　　　　Fa　　　Mi 7
debajo de esas dos cejas qué bonitos ojos tienes

la m　　　　　　　　　La 7　　　　　　　re m
ellos me quieren mirar pero si tú no los dejas

　　Sol 7　　　　　Do　　　　Fa　　　Mi 7
pero si tú no los dejas ni siquiera parpadear

　　　　　　　　　la m　　　　　　　　Sol 7
　　Malagueña salerosa besar tus labios quisiera

　　　　　　　　　　　Do　　Fa　　　　Mi 7
　　besar tus labios quisiera malagueña salerosa

　　　　　　　　　la m　　　　　　　　　Sol 7
　　y decirte niña hermosa que eres linda y hechicera

```
              Do            Mi 7      la m
    que eres linda y hechicera como el candor de una rosa
la m                  La 7         re m
Si por pobre me desprecias yo te concedo razón
   Sol 7       Do       Fa       Mi 7
yo te concedo razón si por pobre me desprecias
la m                  La 7         re m
yo no te ofrezco riquezas te ofrezco mi corazón
   Sol 7       Do       Fa       Mi 7
te ofrezco mi corazón a cambio de mi pobreza
      Malagueña salerosa......
```

MELODÍA:

```
/:II-1   I-0000    II-3    I-00    II-1    I-000   II-3   I-011
  II-3   I-11101530011     II-33   I-00:/
          I-04740   II-4   I-0   II-1   III-2   II-1   I-053253
          I-53531   II-3   I-10  II-13  I-010   II-3   I-10
          I-00740   II-4   I-0   II-1   III-2   II-1   I-053253
          I-53531   II-3   I-10004740   II-31
```

MALAGUEÑA SALEROSA

```
la m
Qué  bo - ni - tos  o - jos     tie - nes              de-
La 7                            re m
ba - jo  de e - sas dos         ce - jas               de-
Sol 7                           Do
ba - jo  de e - sas dos         ce - jas        que bo-
Fa                              Mi 7
ni - tos  o - jos               tie - nes
```

		♀ ♀ ↓ ♀ ↓ — ♀ ♀ ↓ ♀ ↓ —
		Ma - la - gue - ña sa - le-

La
♀ ♀ ↓ ♀ ↓ — ♀ ♀ ↓ ♀ ↓ —
ro - sa   be - sar tus la - bios qui-

Sol 7
♀ ♀ ↓ ♀ ↓ — ♀ ♀ ↓ ♀ ↓ —
sie - ra   be - sar tus la - bios qui-

Do   Fa
♀ ♀ ↓ ♀ ↓ — ♀ ♀ ↓ ♀ ↓ —
sie - ra   ma - la - gue - ña sa - le-

Mi 7
♀ ♀ ↓ ♀ ↓ — ♀ ♀ ↓ ♀ ↓ —
ro - sa y de - cir - te ni - ña her-

la
♀ ♀ ↓ ♀ ↓ — ♀ ♀ ↓ ♀ ↓ —
mo - sa   que eres lin - da y he - chi-

Sol 7
♀ ♀ ↓ ♀ ↓ — ♀ ♀ ↓ ♀ ↓ —
ce - ra   que eres lin - da y he - chi-

Do   Mi 7
♀ ♀ ↓ ♀ ↓ — ♀ ♀ ↓ ♀ ↓ —
ce - ra co - mo el can - dor

              La
♀ ♀ ↓ ♀ ↓ — ♀ ♀ ↓ ♀ ↓ —
     de u - na ro - sa

LA BAMBA

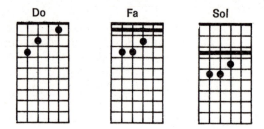

Do Fa Sol   Do Fa Sol
         Para bailar la bamba
para bailar la bamba se necesita una poca de gracia
una poca de gracia y otra cosita y arriba y arriba
y arriba y arriba y arriba iré yo no soy marinero
yo no soy marinero por ti seré por ti seré por ti seré
     Bamba bamba bamba bamba
     lirombo lirombo lirombo
     me saco el sombrero y me lo pongo
     a a a   a a a
Una vez que te dije
una vez que te dije que eras bonita se te puso la cara
se te puso la cara coloradita y arriba y arriba, etc......

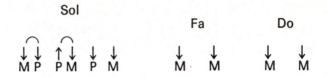

MELODÍA:

I-333310   II-1
I-33331000   II-11303   I-3310   II-1
II-33   I-331000   II-11333   I-3310   II-1
II-3   I-331000   II-11303   I-3310   II-1
II-33   I-331000153   II-3   I-10   II-110   III-20
II-1   III-240   II-1   III-240
III-0   II-111   III-22200
III-0   II-111   III-222200
I-013   I-013

LA BAMBA

Do   Fa   Sol
↓   ↓   ↓   ↓   ↓↓ ↑ ↓ ↓   ↓
                  Pa - ra bai - lar la

Do   Fa   Sol
↓   ↓   ↓   ↓   ↓↓ ↑ ↓ ↓   ↓
bam - ba   pa - ra bai - lar la

Do   Fa   Sol
↓   ↓   ↓   ↓   ↓↓ ↑ ↓ ↓   ↓
bam - ba se ne - ce - si - ta u - na po - ca de

Do   Fa   Sol
↓   ↓   ↓   ↓   ↓↓ ↑ ↓ ↓   ↓
gra - cia   u - na po - ca de

Do   Fa   Sol
↓   ↓   ↓   ↓   ↓↓ ↑ ↓ ↓   ↓
gra - cia y o - tra co - si - ta y a - rri - ba y a-

Do	Fa	Sol
↓ ↓	↓ ↓	↓↓ ↑↓ ↓
rri - ba		y a - rri - ba y a-

Do	Fa	Sol
↓ ↓ ↓ ↓	↓ ↓	↑↓ ↓
rri - ba y a - rri - ba i - ré	yo no soy ma - ri-	

Do	Fa	Sol
↓ ↓	↓ ↓	↓↓ ↑↓ ↓
ne - ro		yo no soy ma - ri-

Do	Fa	Sol
↓ ↓	↓ ↓	↓↓ ↑↓ ↓
ne - ro por ti se - ré		por ti se-

Do	Fa	Sol
↓ ↓	↓ ↓ ↓	↓↓ ↑↓ ↓
ré por ti se - ré		

Do	Fa	Sol
↓ ↓	↓ ↓	↓↓ ↑↓ ↓
Bam - ba	bam - ba	li-

Do	Fa	Sol
↓ ↓ ↓ ↓	↓↓	↑↓ ↓
rom - bo li - rom - bo li - rom - bo		me

Do	Fa	Sol
↓ ↓ ↓ ↓	↓↓ ↑↓	↓ ↓
sa - co el som-bre-ro y me lo pon - go		

Do	Fa	Sol
↓ ↓	↓ ↓	↓↓ ↑↓ ↓
a	a	a

A QUÉ LE LLAMAN DISTANCIA

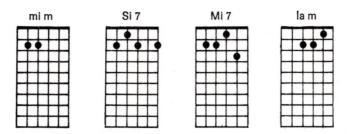

   mi m   Si 7   mi m
/:A qué le llaman distancia eso me habrán de explicar:/
                Si 7   mi m
sólo están lejos las cosas que no sabemos mirar

      /:Los caminos son caminos en la tierra y nada más:/

      las leguas desaparecen si el alma empieza a aletear

/:Hondo sentir rumbo fijo corazón y claridad:/

si el mundo está dentro de uno pa fuera por qué mirar

      /:Si los caminos son leguas en la tierra y nada más:/

    la m   la m   ↓ mi m   ↓ la m   ↓ mi m
  a qué le llaman distancia eso me habrán de explicar

V II III IV I III II III
P m   i   p   a i   m   i

MELODÍA:

II-01010 III-3 II-0 III-2 II-0 III-2120 IV-4 III-0
II-01010 III-3 II-0 III-2 II-0 III-2120 IV-4 II-0
II-0 III-2120 IV-4 III-0 IV-44434212

A QUÉ LE LLAMAN DISTANCIA

```
mi m                               Si 7
V   II  III  IV  I III  II   III   V  II  III  IV  I  III  II  III
    A   qué  le  lla -  man  dis      tan -  cia
```

```
                                   mi m
V   II  III  IV  I III  II   III   V  II  III  IV  I  III  II  III
    e - so  me habrán  de ex-pli - car
```

```
                                   Si 7
V   II  III  IV  I III  II   III   V  II  III  IV  I  III  II  III
    só - lo están le-jos las    co-sas                          que
```

```
                                   mi m
V   II  III  IV  I III  II   III   V  II  III  IV  I  III  II  III
    no      sa-be - mos mi - rar
```

EL JINETE

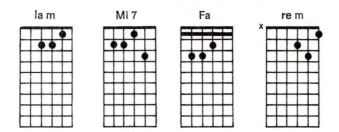

la m   Fa
Por la lejana montaña va cabalgando un jinete
    Mi 7   la m
vaga solito en el mundo y va deseando la muerte
             Fa
lleva en su pecho una herida va con su alma destrozada
    Mi 7   la m
quisiera perder la vida y reunirse con su amada
  re m   la m re m   la m
  La quería más que a su vida y la perdió para siempre
   re m   la m Mi 7   la m
  por eso lleva una herida por eso busca la muerte
   re m   la m Mi 7   la m
  por eso lleva una herida por eso busca la muerte
la m   Fa
En su guitarra cantando se pasa noches enteras
    Mi 7   la m
hombre y guitarra llorando a la luz de las estrellas
             la m
después se pierde en la noche y aunque la noche es muy bella
    Mi 7   la m
él va pidiéndole a Dios que se lo lleve con ella

   La quería más que a su vida......

MELODÍA:

/:II-11110 III-2 II-1111110 III-2 I-11
  I-311311300470 II-310 III-2:/
         II-333 I-1 II-33 I-10 II-333 I-1 II-33 I-10
         II-3 I-1 II-3 I-10 II-3 I-50 II--0303100 III-2
         II-3 I-1 II-3 I-10 II-3 I-500470 II-310 III-2

         ♀ ♀ ↓ ♀ ↓ —
             P   P

EL JINETE

la m
Por la le - ja - na mon- ta - ña

Fa
va ca - bal - gan-do un ji - ne - te

Mi 7
va - ga so - li - to en el mun-do   y   va

de-   sean - do la

muer-te   lle - va en su pe-cho u-na he-

ri - da   va con su al-ma des - tro-

Fa
za - da   qui - sie - ra per - der la

Mi 7
vi - da   y   reu - nir-

                la m
         se con su a-   ma - da

re m						la m					
La	que-ría	más	que a	su	—	vi	-	da			

re m						la m					
y	la per -	dió	pa -	ra	—	siem-pre					por

re m						la m					
e -	so lle -	va u-na he -	ri -	da	—						por

Mi 7						la m					
e -	so	bus -	ca	la	—	muer-te					por

Re m											
e -	so lle -	va u-na he -	ri -	da	—						por e-

Mi 7											
so					—			bus -	ca	la	—

la m					
muer-te					

QUE SEAS FELIZ

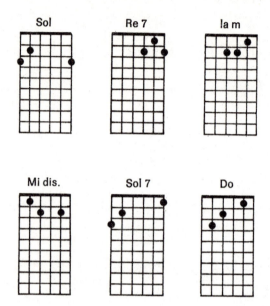

Sol   la m-Re 7 Sol
Que seas feliz feliz feliz

                                 Mi dis.-la m-Re 7
es todo lo que pido en nuestra despedida

     la m   Re 7
no pudo ser después de haberte amado tanto

                               Sol   la m
por todas esas cosas tan absurdas de la vida

Re 7   Sol   la m-Re 7-Sol
siempre podrás contar conmigo

                         Sol 7   Do
no importa dónde estás al fin que ya lo ves quedamos como amigos

                     Mi dis.   Sol
y en vez de despedirnos con reproches y con llanto

         la m   Re 7   Sol
yo que te quise tanto quiero que seas feliz feliz feliz

MELODÍA:

1) IV-0   III-0   II-031   I-0   II-30
   III-0   IV-4   III-0   II-03   I-332325532
   I-2210   II-3   I-0   II-3   I-0   II-3   I-20   II-31
   II-3   I-2020202353320   II-3
                    1)
   III-0   IV-4   III-0   II-03   I-32323211135310
   III-0   I-0   II-4   I-0   II-4   I-0   II-4   I-0232530   II-3
   II-323   I-20   II-31323   I-20   II-31   I-0   II-30

QUE SEAS FELIZ

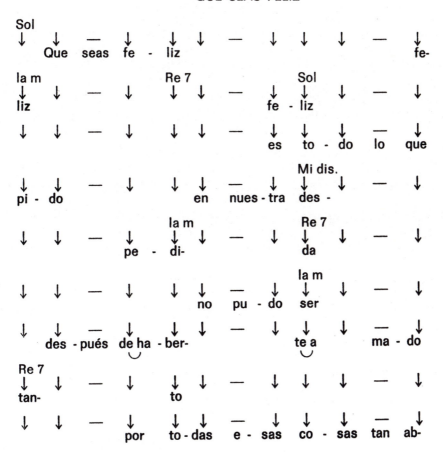

								Sol			
↓	↓	—	↓	↓	↓	—	↓	↓	↓	—	↓
sur	-	das					de	la	vi	-	da

				la m				Re 7			
↓	↓	—	↓	↓	↓	—	↓	↓	↓	—	↓
								siem-pre	po-

Sol					la m				
↓	↓	—	↓	↓	↓	—	↓	↓	↓	—	↓
drás				con	-	tar

Re 7			Sol						
↓	↓	—	↓	↓	↓	—	↓	↓	↓	—	↓
			con	- mi-				go

↓	↓	—	↓	↓	↓	—	↓	↓	↓	—	↓
			no im	- por	- ta	don - de es	- tés				al

			Sol 7					
↓	↓	—	↓	↓		—	↓	↓	↓	—	↓
fin	que	ya	lo	ves			que - da - mos	co - mo a-

Do								
↓	↓	—	↓	↓		—	↓	↓	↓	—	↓
mi-				gos			y en	vez	de	des - pe-

				Mi dis.					
↓	↓	—	↓	↓	↓	—	↓	↓	↓	—	↓
dir - nos	con	re - pro-ches						y	con

Sol								
↓	↓	—	↓	↓	↓	—	↓	↓	↓	—	↓
llan-				to							yo

			la m					
↓	↓	—	↓	↓	↓	—	↓	↓	↓	—	↓
que	te	qui - se	tan - to		quie - ro	que	seas	fe-

Re 7						Sol		
↓	↓	—	↓	↓	↓	—	↓	↓	↓	—	↓
liz			fe -	liz			fe -	liz

SOLAMENTE UNA VEZ

```
  La      Mi 7        si m       Mi dis.
```

```
  La    Mi 7      La    Mi dis.-si m-Mi 7
Solamente una vez amé en la vida
                si m-Mi 7    La
solamente una vez y nada más
                          Mi dis.     si m
una vez nada más en mi pecho brilló la esperanza
                         Mi 7            La
la esperanza que alumbra el camino de mi soledad
    Mi 7      La      Mi dis. - si m-Mi 7
una vez nada más se entrega el alma
                si m-Mi 7    La
con la dulce y total renunciación
                      Mi dis.           si m
y cuando ese milagro realiza el prodigio de amarse
                         Mi 7           La
hay campanas de fiesta que cantan en el corazón
```

MELODÍA:

```
I-020    III-2    II-022    I-000    III-1
I-242    III-3    II-0      I-2540   II-2
I-555444222002   II-23      I-0      III-1
I-000    II-333222000       III-2    II-02
```

↓ ↓ — ↓
P M   M

SOLAMENTE UNA VEZ

La
↓ ↓ — ↓ ↓ ↓ — ↓ ↓ ↓ — ↓
    So - la - men - te u - na   vez

↓ ↓ — ↓ ↓ ↓ — ↓ ↓ ↓ — ↓
                      a - mé en   la

si m   Mi 7
↓ ↓ — ↓ ↓ ↓ — ↓ ↓ ↓ — ↓
vi-   da   so - la

            si m
↓ ↓ — ↓ ↓ ↓ — ↓ ↓ ↓ — ↓
men - te u - na   vez

Mi 7   La
↓ ↓ — ↓ ↓ ↓ — ↓ ↓ ↓ — ↓
     y   na-   da   más

↓ ↓ — ↓ ↓ ↓ — ↓ ↓ ↓ — ↓
    u - na   vez   na - da más   en   mi

          Mi dis.   si m
↓ ↓ — ↓ ↓ ↓ — ↓ ↓ ↓ — ↓
pe - cho bri - lló   la es - pe - ran-

Mi 7
↓ ↓ — ↓ ↓ ↓ — ↓ ↓ ↓ — ↓
za   la es - pe-

si m   Mi 7
↓ ↓ — ↓ ↓ ↓ — ↓ ↓ ↓ — ↓
ran - za que a- lum - bra el ca - mi - no de

          La
↓ ↓ — ↓ ↓ ↓ — ↓
mi   so - le - dad

MAÑANITAS

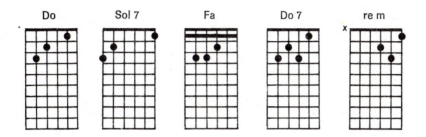

```
Do              Sol 7        Do 7        Fa
Estas son las mañanitas que cantaba el rey David
    Sol 7          Do        Sol 7    Do
a las muchachas bonitas se las cantamos aquí
   Sol 7           Do     Sol 7           Do
despierta mi bien despierta mira que ya amaneció
     Fa     Do         Sol 7      Do
ya los pajaritos cantan la luna ya se metió
            Do                          Sol 7
    Qué linda está la mañana en que vengo a saludarte
      re m      Sol 7            Do
    venimos todos con gusto y placer a felicitarte
                                         Sol 7
    el día que tú naciste nacieron todas las flores
       re m        Sol 7              Do
    y en la pila del bautismo cantaron los ruiseñores
     Sol 7         Fa
    ya viene amaneciendo ya la luz del día nació
     Sol 7     Do      Sol 7         Do
    levántate de mañana mira que ya amaneció
Estas son......
```

MELODÍA:

```
III-00   II-11013013   I-0    II-13    I-01
I-110    II-31031013   I-01   II-31
I-0      II-30013      I-0    II-1     I-0    II-30013   I-0
II-11    I-11110       II-1013  I-01   II-31
         III-0         II-10110111    I-0    II-310133
         III-0         II-32332333    I-10   II-130011
         II-10         III-2          II-01333   I-010101
         I-0           II-31013       I-00010    II-1301
```

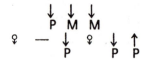

MAÑANITAS

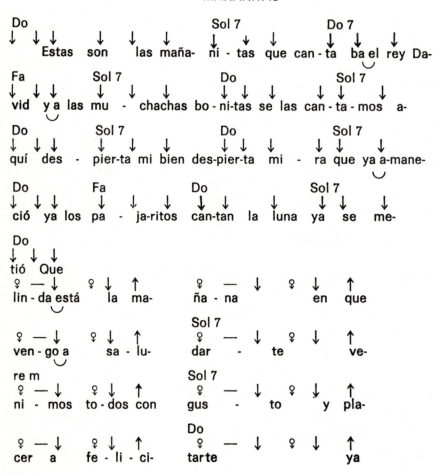

```
                    Sol 7                    Do
  ♀ — ↓      ♀ ↓ ↑          ♀ — ↓     ♀ ↓ ↑
  vie-ne a - ma - ne-       cien  - do      ya    la

Fa
  ♀ — ↓      ♀ ↓ ↑          ♀ — ↓     ♀ ↓ ↑
  luz  del   día    na-     ció   o              le-

Sol 7                       Do
  ♀ — ↓      ♀ ↓ ↑          ♀ — ↓     ♀ ↓ ↑
  ván-ta - te   de  ma-     ña - na            mi - ra

Sol 7                       Do
  ♀ — ↓      ♀ ↓ ↑          ♀ — ↓     ♀ ↓ ↑
  que  ya a - ma-  ne-      ció
```

SAPO CANCIONERO

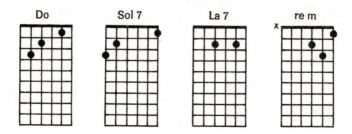

Do   re m
Sapo de la noche sapo cancionero

          Sol 7   Do
que vives soñando junto a la laguna

                 La 7   re m
/:tenor de los charcos grotesco trovero

         Sol 7   Do
que estás embrujado de amor por la luna:/

Yo sé de tu vida sin gloria ninguna

sé de la tragedia de tu alma inquieta

/:sé de tu locura de amor por la luna

que es locura eterna de todo poeta:/

        Do La 7 re m Sol 7   Do
/:Sapo cancionero canta tu canción

      La 7   re m   Do   Sol 7 Do
que la vida es triste si no la vivimos con una ilusión:/

Tú te sabes feo feo y contrahecho por eso de día tu fealdad ocultas

/:y de noche cantas tu melancolía y suenan tus cantos como letanía:/

Repican tus voces en franca porfía tus coplas son vanas como son tan bellas

/:no sabes acaso que la luna es fría porque dio su sangre para las estrellas:/

MELODÍA:

```
III-00   I-000    II-1110    III-2    II-1     III-2
II-333331010      III-2      II-1     III-0
IV-2     III-0    II-1010    III-2    II-10    III-2    II-1    III-2
II-00000 III-20   II-0       III-20   II-0     III-0
III-00   II-1     I-0310310  II-3     III-2
I-333331010       II-3       I-10
                  I-30531    II-3     I-1      II-3     I-310
                  I-30531    II-3     III-0    I-3310   II-1    I-0    3031
```

SAPO CANCIONERO

Do
Sapo de la no - che sapo cancio-

re m   Sol 7
ne - ro que vi-ves so - ñan - do jun - to a la la-gu-

Do   La 7
na tenor de los char - cos gro - tes - co tro-

re m   Sol 7
ve - ro que estás embru - ja - do de a-mor por la lu-

Do
na

Do   La 7   re m
Sa - po can - cio - ne - ro

Sol 7	Do
can - ta tu can-	ción

La 7	re m
que la vi - da es	tris - te si no la vi-

Do	Sol 7	Do
vi - mos	con u - na i-lu-	sión

OJALÁ QUE TE VAYA BONITO

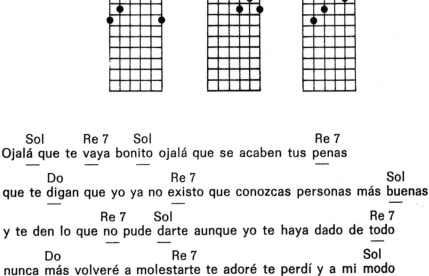

Sol   Re 7   Sol   Re 7
Ojalá que te vaya bonito ojalá que se acaben tus penas
      Do   Re 7   Sol
que te digan que yo ya no existo que conozcas personas más buenas
       Re 7   Sol   Re 7
y te den lo que no pude darte aunque yo te haya dado de todo
     Do   Re 7   Sol
nunca más volveré a molestarte te adoré te perdí y a mi modo

        Do
Cuántas cosas quedaron prendidas
                Sol
hasta dentro del fondo de mi alma
                Re 7
¡ay! cuántas luces dejaste encendidas
          Sol
yo no sé cómo voy a apagarlas

Sol   Re 7   Sol   Re 7
Ojalá que mi amor no te duela y te olvides de mí para siempre
     Do   Re 7   Sol
que se llenen de sangre tus venas y la vida te vista de suerte
       Re 7   Sol   Re 7
yo no sé si tu ausencia me mate aunque yo tengo el pecho de acero
   Do   Re 7   Sol
pero nadie me llame cobarde sin saber hasta dónde te quiero

     Cuántas cosas quedaron...

MELODÍA:

IV-0   III-0   II-0   III-2020   IV-4   III-200   II-0   I-0   II-333103   III-2
II-33   I-2   II-33   I-0   II-113   III-2   IV-4   III-2   II-33   III-2   II-3310   III-0
II-1031   III-0   II-11031
II-13   I-0   II-33   I-0   II-3310
I-3253020   II-33   III-2
I-20   II-3   III-2   II-0100   III-20

$$V - \underset{M}{\downarrow} \; VI \left\{ \begin{matrix} I & I \\ II & II \\ III & III \end{matrix} \right.$$

OJALÁ QUE TE VAYA BONITO

Sol   Re 7
V — ↓ VI I   I   V — ↓ VI   I   I
         II II   II II
         III III   III III
         Oja- lá   que te va - ya bo-

Sol
V — ↓ VI I   I   V — ↓ VI   I   I
         II II   II II
         III III   III III
ni - to   oja- lá   que se a - ca - ben tus

Re 7   Do
V — ↓ VI I   I   V — ↓ VI   I   I
         II II   II II
         III III   III III
pe - nas   que te di - gan   que yo ya no e-

Re 7
V — ↓ VI I   I   V — ↓ VI   I   I
         II II   II II
         III III   III III
xis - to   que co - noz - cas per - so - nas   más

Sol   Do
V — ↓ VI I   I   V — ↓ VI   I   I
         II II   II II
         III III   III III
bue-nas   cuán - tas   co - sas   queda - ron pren-

```
V  —  ↓  VI  II     II       V  —  ↓     VI   II     II
              III    III                       III    III
di - das      has - ta      den  -  tro del  fon - do    de mi

Sol
V  —  ↓  VI  II     II       V  —  ↓     VI   II     II
              III    III                       III    III
al - ma       ¡ay! cuántas  lu - ces  de - jas - te en - cen-

Re 7
V  —  ↓  VI  II     II       V  —  ↓     VI   II     II
              III    III                       III    III
di - das      yo no  sé     cómo voy                  a apa-

Sol
V  —  ↓  VI  II     II
              III    III
gar-las
```

VOLVER

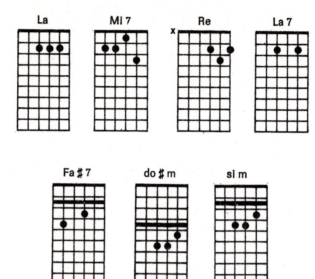

```
La                                              Mi 7
Este amor apasionado anda todo alborotado por volver

si m         Mi 7                        si m Mi 7    La
yo voy camino a la locura y aunque todo me tortura yo sé perder

       Mi 7       La                La 7         Re
nos dejamos hace tiempo pero me llegó el momento de perder

              .  La         Fa# 7      si m
y tú tenías mucha razón hoy le hago caso al corazón

        Mi 7      La
y yo me muero por volver

           II-5        II-4       II-3
      III-6   III-6-5   III-5-4   III-4   Compás en La

      La           Mi 7          La
y volver volver volver a tus brazos otra vez
```

                                  Mi 7   Re
yo llegaré hasta donde estés yo sé perder

          do#m   si m   La
yo sé perder quiero volver volver volver

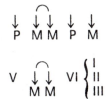

MELODÍA:

II-2020320   III-2   II-2020320   III-212   II-0
II-33232   I-0   II-3203232   I-0   II-3200   III-2   II-02
II-2020320   III-2   II-2020320   III-2   II-023
II-3   I-20220   II-32   IV-2   II-202   I-0   II-320
II-0323   III-1   II-20   III-2
            I-00202544242420
            I-0202025444422220
            I-000   II-33   I-20   II-2

VOLVER

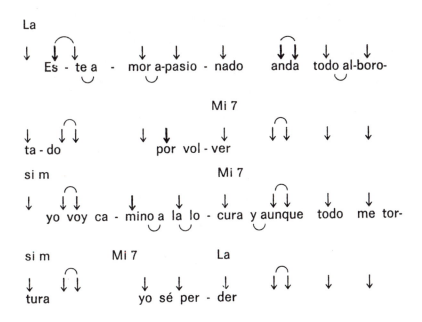

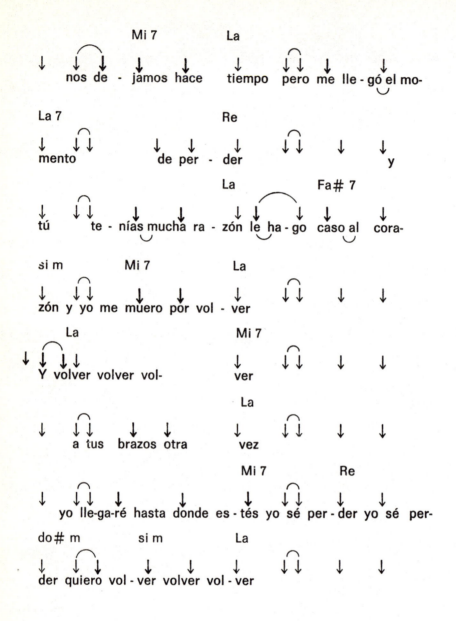

ALFONSINA Y EL MAR

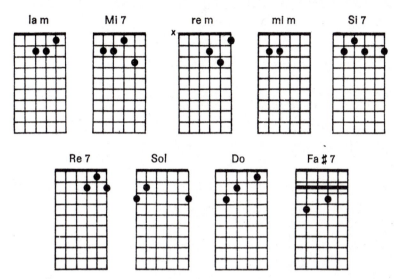

INTRODUCCIÓN:

I-6-7   II-8   III-9   IV-9   I-7
I-4-5   II-7   III-8   IV-9   I-5
V-2-3   I-3-2-0   V-2   I-2-0   II-4   rasgueo en mi m

```
            re m      Mi 7     la m
             ↓         ↓
Por la blanda arena que lame el mar
```

```
            Si 7              mi m
su pequeña huella no vuelve más
```

```
            la m    Re 7    Sol      la m       mi m   Si 7 Mi 7
un sendero sólo de pena y silencio llegó hasta el agua profunda
```

```
            la m    Re 7   Sol     la m   mi m Si 7 mi m
un sendero solo de penas mudas llegó hasta la espuma
```

```
                     ↓           ↓
Sabe Dios qué angustia te acompañó
```

qué dolores viejos calló tu voz

para recostarte arrullada en el fondo de las caracolas marinas

la canción que canta en el fondo oscuro del mar la caracola

                     la m   Re 7   Sol
Te vas Alfonsina con tu soledad

                  Mi 7   la m
qué poemas nuevos fuiste a buscar

                                  mi m
una voz antigua de viento y de sal

              Si 7   Mi 7
te requiebra el alma y la está llevando

    la m   mi m
y te vas hacia allá como en sueño

    Do   Fa# 7 Si 7   mi m
dormida Alfonsina vestida de mar

Cinco sirenitas te llevarán

por caminos de algas y de coral

y fosforescentes caballos marinos harán una ronda a tu lado

y los habitantes del agua van a jugar pronto a tu lado

Bájame la lámpara un poco más

déjame que duerma nodriza en paz

y si llama él no le digas que estoy dile que Alfonsina no vuelve

y si llama él no le digas nunca que estoy di que me he ido

      Te vas Alfonsina......

MELODÍA

```
II-3   I-01010   II-4    I-0    II-31
III-2  II-01010  III-3   II-0   III-20
IV-24  III-0  IV-4  III-0  IV-4  III-0202  II-0  III-2020  IV-4  III-0  IV-4242
III-2  II-01010  III-2  I-20  II-0  III-2020  IV-4242
       I-023232352  II-30
       II-013  I-010  II-310  I-0
       III-2  II-010  III-2  I-0  II-310  III-20
```

I-0 II-4 I-20 II-40 I-203210
I-0 II-31 I-0 II-310 III-2 II-00
II-0101212424 I-0

ALFONSINA Y EL MAR

      re m   Mi 7
       ↓   ↓
Por la blanda arena que lame el

la m   Si 7
↓ —↓ ↓ ♀ ↓ — ↓ —↓ ↓ ♀ ↓ —
mar   su pequeña hue - lla no vuel - ve

mi m   la m   Re 7
↓ —↓ ↓ ♀ ↓ — ↓ —↓ ↓ ♀ ↓ —
más   un sendero só - lo de pe - na y si-

Sol   la m   mi m   Si 7
↓ —↓ ↓ ♀ ↓ — ↓ —↓ ↓ ♀ ↓ —
len - cio lle - gó hasta el a - gua pro - fun-

Mi 7   la m   Re 7
↓ —↓ ↓ ♀ ↓ — ↓ —↓ ↓ ♀ ↓ —
da   un sendero só - lo de pe - nas

Sol   la m   mi m   Si 7
↓ —↓ ↓ ♀ ↓ — ↓ —↓ ↓ ♀ ↓ —
mu - das lle - gó has - ta la es-pu-

mi m   la m   Re 7
↓ —↓ ↓ ♀ ↓ — ↓ —↓ ↓ ♀ ↓ —
ma   te vas Alfon-si - na con tu sole-

Sol   Mi 7
↓ —↓ ↓ ♀ ↓ — ↓ —↓ ↓ ♀ ↓ —
dad   qué poemas nue - vos fuis - te a bus-

la m
↓ —↓ ↓ ♀ ↓ — ↓ —↓ ↓ ♀ ↓ —
car   una voz an - ti - gua de vien - to y de

mi m		Si 7	
sal	te requiebra el alma		y te va lle-

Mi 7		la m	
van-	do y te vas	ha - cia a-llá	como en

mi m	Do	Fa# 7	Si 7
sueño	dor - mi - da Al-fon - si - na	ves - ti - da	de

mi m

mar

ANSIEDAD

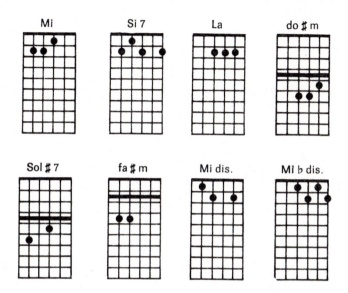

INTRODUCCIÓN:

```
         ⎧ I -7-7-7-7-5-7-5    7-5-7-5    7-4-7-4
/: II-0  ⎨
         ⎩ II-9-9-9-9-7-7-7    7-7-7-7    7-5-5-5                        :/
         ⎧ I -4-4-4-4-2-4-2    4-2-4-2    4-0-4-0
IV-6     ⎨
         ⎩ II-5-5-5-5-4-4-4    4-4-4-4    4-2-2-2
         ⎧ I -4-4-4-4-2-4-2    4-2-4-2    4       II-2    I-0-4    I-9
IV-6     ⎨
         ⎩ II-5-5-5-5-4-4-4    4-4-4-4    4       III-1   II-2-5   III-9
```

Mi
Ansiedad de tenerte en mis brazos
—
         Mi dis.   fa# m
musitando palabras de amor
         —   —
                     Si 7
ansiedad de tener tus encantos
                     —
         La   Mi b dis.   Mi
y en la boca volverte a besar
         —   —   —

         Sol# 7   do# m
Tal vez están llorando mis pensamientos

              Sol# 7   do# m
mis lágrimas son perlas que caen al mar

         La   Mi
y el eco adormecido de este lamento

         Si 7   Mi
hace que esté presente en mi soñar

quizás estés llorando al recordarme

y estreches mi retrato con frenesí

y hasta tu oído llegue la melodía salvaje

y el eco de la pena de estar sin ti

  P   P   G   i

MELODÍA:

III-1 II-0 I-04245420
I-5420 II-4 I-20 II-0 III-2
III-2 II-04 I-212420 II-4
I-2 II-42221110
      1) II-0 I-44444254220
      2) III-1 I-00000 II-4 I-20 II-42
     II-22124 I-0 II-24 I-0240
     II-4 I-20 II-42 I-0 II-42210
        1)   2)
          II-12124 I-0 II-2124 I-024 II-0
     II-4 I-20 II-42 I-0 II-420 I-20

ANSIEDAD

Mi
↓ ↑ ○ ☿ ↑ ☿ ↓ ↑ ○ ☿ ↑ ☿
              An - sie - dad

↓ ↑ ○ ☿ ↑ ☿ ↓ ↑ ○ ☿ ↑ ☿
   de te - ner - te en mis bra - zos

↓ ↑ ○ ☿ ↑ ☿ ↓ ↑ ○ ☿ ↑ ☿
            mu - si - tan - do   pa-

```
Mi dis.                      fa# m
 ↓   ↑   O   ♀   ↑   ♀   ↓   ↑   O   ♀   ↑   ♀
la - bras            de a - mor
     ‿
 ↓   ↑   O   ♀   ↑   ♀   ↓   ↑   O   ♀   ↑   ♀
               an - sie - dad

                         Si 7
 ↓   ↑   O   ♀   ↑   ♀   ↓   ↑   O   ♀   ↑   ♀
     de te - ner  tus en - can - tos

                         La
 ↓   ↑   O   ♀   ↑   ♀   ↓   ↑   O   ♀   ↑   ♀
             y en  la   bo - ca              vol-
                   ‿
Mi b dis.                Mi
 ↓   ↑   O   ♀   ↑   ♀   ↓   ↑   O   ♀   ↑   ♀
ver-         te a  be - sar
             ‿
                         Sol # 7
 ↓   ↑   O   ♀   ↑   ♀   ↓   ↑   O   ♀   ↑   ♀
     Tal vez es - tén  llo - ran   -   do

                         do# m
 ↓   ↑   O   ♀   ↑   ♀   ↓   ↑   O   ♀   ↑   ♀
         mis  pen   -   sa - mien-tos

                         Sol # 7
 ↓   ↑   O   ♀   ↑   ♀   ↓   ↑   O   ♀   ↑   ♀
     mis lá - gri - mas son   per - las

                         do# m
 ↓   ↑   O   ♀   ↑   ♀   ↓   ↑   O   ♀   ↑   ♀
         que caen        al   mar

                         La
 ↓   ↑   O   ♀   ↑   ♀   ↓   ↑   O   ♀   ↑   ♀
     y el  e - co a - dor - me - ci - do
           ‿         ‿
                         Mi
 ↓   ↑   O   ♀   ↑   ♀   ↓   ↑   O   ♀   ↑   ♀
     de es - te         la - men   -   to
        ‿
                         Si 7
 ↓   ↑   O   ♀   ↑   ♀   ↓   ↑   O   ♀   ↑   ♀
     ha - ce  que es - té  pre - sen   -   te
              ‿
                         Mi
 ↓   ↑   O   ♀   ↑   ♀   ↓   ↑   O   ♀   ↑   ♀
         en   mi        so - ñar
```

CANTA CIGARRA

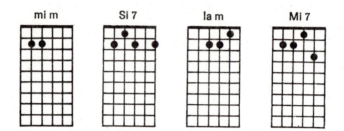

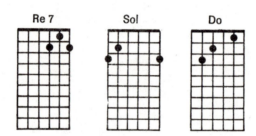

    mi m   Mi 7   la m
A veces algunas veces el cantor tiene razón

                   Re 7   Sol
no sólo es su corazón lo que sale por su boca

    mi m   Mi 7   la m
son los ecos que en el aire ha dejado el labrador

        mi m   la m   Si 7   mi m
la mujer el oprimido es el llanto del nacido los ecos de su canción

    mi m   Mi 7   la m
A veces algunas veces el cantor tiene razón

                   Re 7   Sol
y busca en algún rincón la llave de la esperanza

```
          mi m              la m
y a quien le escucha le calma
            Si 7     Do        la m   Si 7   mi m
si no es el hambre del cuerpo es el hambre del dolor
            Do                    Re 7    Sol
Poeta de puerta adentro espectadora dormida
              Mi 7         la m      Re 7      Sol
nadando sola en el río no pasa nada en tu vida
            Si 7       mi m         Do     Si 7  mi m
cigarra canta cigarra que ya está llegando el día
  mi m                  Mi 7       la m
A veces algunas veces el cantor tiene razón
                   Re 7              Sol
aunque tape el nubarrón la alegría de la vida
            mi m       la m
de un día nace otro día
             Si 7      Do       la m   Si 7   mi m
y a esa fuerza no la matan aunque maten al cantor
            Poeta de puerta adentro......
```

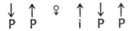

MELODÍA:

```
1)  V-2   II-00   III-3   II-0   III-3   II-00000   I-0   II-10   III-2
2)  IV-0  II-11101310101010
    III-02  II-000   III-3   II-00000   I-0   II-10   III-2
    III-2   II-0101010   III-02   II-0   III-3   II-0   III-3   II-0   III-22   II-0   III-2
                                                           II-10   III-20
           1)          2)
    III-0   II-00   III-3   II-0   III-3   II-0   III-2
    III-2   II-0   III-2   II-10   III-22000   IV-4   III-20   IV-42
          /:IV-2   I-00   II-4   I-0   II-4   I-000023200   II-3:/
           II-0444   I-02200002320   II-4   I-0
```

CANTA CIGARRA

```
mi m
↓   ↑  ♀ ↑  ↓  ↑       ↓   ↑   ♀  ↑   ↓   ↑
                       A   ve - ces  al - gu -  nas
                         Mi 7
↓    ↑  ♀ ↑  ↓   ↑     ↓    ↑   ♀  ↑   ↓   ↑
ve - ces     el can -  tor      tie - ne      ra
la m
↓   ↑  ♀ ↑  ↓   ↑      ↓    ↑   ♀  ↑   ↓   ↑
zón             no     só - lo es  su  co -  ra-
Re 7
↓   ↑  ♀ ↑  ↓   ↑      ↓    ↑   ♀  ↑   ↓   ↑
zón             lo que sa -  le   por     su
Sol                    mi m
↓    ↑  ♀ ↑  ↓   ↑     ↓    ↑   ♀  ↑   ↓   ↑
bo - ca     son los    e -  cos  que en    el
                         Mi 7
↓    ↑  ♀ ↑  ↓   ↑     ↓    ↑   ♀  ↑   ↓   ↑
ai - re     ha de -    ja - do el la -  bra-
la m
↓    ↑  ♀ ↑  ↓   ↑     ↓    ↑   ♀  ↑   ↓   ↑
dor         la mu -    jer      el  o -  pri-
mi m
↓    ↑  ♀ ↑  ↓   ↑     ↓    ↑   ♀  ↑   ↓   ↑
mi - do     es  el     llan - to    del    na-
la m                     Si 7
↓    ↑  ♀ ↑  ↓   ↑     ↓    ↑   ♀  ↑   ↓   ↑
ci - do los e - cos    de        su        can-
mi m
↓    ↑  ♀ ↑  ↓   ↑
ción
                         Do
↓    ↑  ♀ ↑  ↓   ↑     ↓    ↑   ♀  ↑   ↓   ↑
                       Po - e - ta  de  puer - ta a-
                         Re 7
↓    ↑  ♀ ↑  ↓   ↑     ↓    ↑   ♀  ↑   ↓   ↑
den - tro es - pec -   ta - do       -  ra    dor-
```

Sol						Mi 7					
↓	↑	♀	↑	↓	↑	↓	↑	♀	↑	↓	↑
mi - da			na	-	dan - do	so - la en			el		

la m						Re 7					
↓	↑	♀	↑	↓	↑	↓	↑	♀	↑	↓	↑
rí - o	no	pa	-	sa		na	-	da en			tu

Sol						Si 7					
↓	↑	♀	↑	↓	↑	↓	↑	♀	↑	↓	↑
vi - da			ci	-	ga - rra						

						mi m					
↓	↑	♀	↑	↓	↑	↓	↑	♀	↑	↓	↑
	can - ta		ci	-	ga - rra						

						Do					
↓	↑	♀	↑	↓	↑	↓	↑	♀	↑	↓	↑
	que ya es	-	tá			lle-					

						Si 7					
↓	↑	♀	↑	↓	↑	↓	↑	♀	↑	↓	↑
	gan	-	do el			dí-					

mi m					
↓	↑	♀	↑	↓	↑
a					

RECUERDOS DE IPACARAI

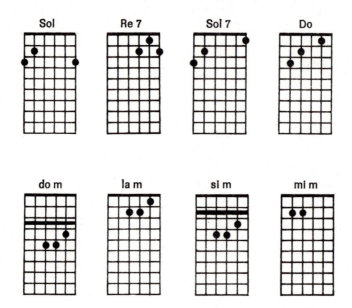

Sol
Una noche tibia nos conocimos

      Re 7
junto al lago azul de Ipacarai

   la m **Re 7**
tú cantabas triste por el camino

      Sol
viejas melodías en guaraní

y con el embrujo de tus canciones

  Sol 7 **Do**
iba renaciendo tu amor en mí

   do m **Sol**
y en la noche hermosa de plenilunio

   mi m **la m**
de tus blancas manos sentí el calor

                  Re 7   Sol
que con tus caricias me dio el amor

       Sol 7   Do   do m
Dónde estás ahora cuñatai

                Sol   si m
que tu suave canto no llega a mí

            la m   Re 7   Sol M
dónde estás ahora mi ser te adora con frenesí

Sol 7   Do   do m
todo te recuerda mi dulce amor

          Sol   si m
en el lago azul de Ipacarai

        la m   Re 7   Sol
todo te reclama mi ser te llama cuñatai

MELODÍA:

1)   III-0   II-030   I-00   II-30   III-0   I-00
       III-0   II-030   I-00   II-30   III-0   II-3
       IV-4   III-2   II-3   III-2   I-00   II-31   III-2   I-0
       III-22   II-1   I-03332   II-30
                    1)
       III-0   II-030   I-11   II-3   I-1   II-3   I-5
       I-53537530   II-3   I-0   II-3
       III-0   II-03   I-2553   II-30   III-2
       III-22   I-00   II-333   IV-44   III-0
           I-5555333005
           I-5533   II-33300   I-2
           I-2222000   II-1   III-2   II-333   I-00   II-0
           I-5555333005
           I-5533   II-33300   I-2
           I-2222000   II-1   III-2   II-333   I-003

                       ↓ ↓ ↓ ↓ ↓ —
                       M M P M P

RECUERDOS DE IPACARAI

Sol
U-na noche tibia nos conocimos
juntoal lago a-zul de Ipacarai (la m)
Re 7
tú cantabas triste por el camino
Re 7
viejas melodías en guaraní
Sol
y con el embrujo de tus canciones
iba renaciendo tu amor en mí
Sol 7   Do
(do m)   Sol
y en la noche hermosa de plenilunio
de tus blancas (mi m) manos sentí el calor que con tus ca-
Re 7   Sol   (la m)
ricias me dio el amor
Do   (do m)   Sol
hora cuñataí que tu suave canto no llega a
(si m)   (la m)   Re 7
mí dónde estás ahora mi ser te adora con frene-
Sol
sí

EL PRESO NÚMERO NUEVE

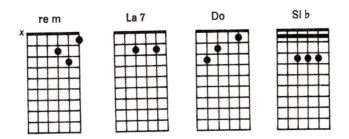

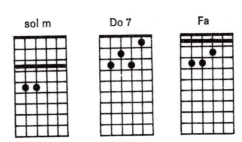

re m   La 7   re m   Do Si b La 7
Al preso número nueve ya lo van a confesar

re m La 7   re m   Do Si b La 7
está rezando en la celda con el cura del penal

                          re m
porque antes de amanecer la vida le han de quitar

                Do 7   Si b   La 7
porque mató a su mujer y a un amigo desleal

          re m   Do
Dice así al confesar los maté sí señor

       Si b   La 7
y si vuelvo a nacer yo los vuelvo a matar

     sol m   Do 7   Fa
Padre no me arrepiento ni me da miedo la eternidad

    re m   La 7
yo sé que allá en el cielo el juez supremo me ha de juzgar

                                                        re m
voy a seguir sus pasos voy a buscarlos al más allá

re m   La 7   re m   Do   Si b   La 7
El preso número nueve era un hombre muy cabal

re m La 7   re m   Do   Si b La 7
iba la noche del duelo muy contento a su jacal

                      re m
pero al mirar a su amor en brazos de su rival

                    Do   Si b   La 7
sintió en su pecho el rencor y no se pudo aguantar

          re m   Do
Al sonar el clarín se formó el pelotón

        Si b   La 7
y rumbo al paredón se oyó al preso decir

Padre no me arrepiento......

MELODÍA:

II-33332   I-0   II-3331   I-0   II-31   III-32
II-33332   I-0   II-3331   I-0   II-31   III-32
III-2   II-2   III-2   II-2   III-2   II-2   I-0
III-2   II-3   III-2   II-3   III-2   II-3   I-1
II-3   I-1   II-3   I-1   II-3   I-130   II-1   I-1   II-3   I-0   II-32

III-2   II-2   I-00   II-3   I-01   II-3   I-15   I-1   II-31
II-1   I-030   II-1   III-33   II-3   I-1   II-3   III-32

      I-3323233235666531
      I-1101011013555310
      I-00   II-4   I-0   II-4   I-00   II-4   I-0133310   II-3

EL PRESO NÚMERO NUEVE

re m   La 7   re m
Al pre - so nú - me - ro   nueve   ya lo

Do	Si b	La 7
van	a con-fe-	sar

porque antes de amane - cer

re m
la vi - da le han de qui - tar

porque ma-tó a su mu - jer   y a un a-

Si b   La 7
mi - go des-le-   al

Di - ce a - sí

re m
al con-fe - sar

los ma - té

Do
sí se - ñor

y si vuel-

Si b
vo a na- cer

yo los vuel-

La 7
vo a ma- tar

sol m
Pa - dre no me a-rre-   pien-to ni me da

Do 7   Fa

mie - do   la eter - ni-   dad

re m
yo   sé   que allá en   el   cie-lo el juez su-

                              La 7
pre - mo me ha de juz-   gar

voy   a   se - guir sus   pa - sos voy a bus-

                              re m
carlos   al más a - llá

EL CÓNDOR PASA

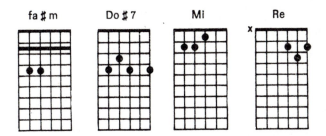

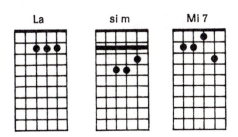

```
   fa# m        Re       fa# m
El cóndor de los Andes despertó

Mi   fa# m   Mi  fa# m  Do# 7  fa# m
con la luz de un feliz amanecer

Sus alas lentamente desplegó

y bajó al río azul para beber

       Re                     La      Mi 7  La
Tras él la tierra se cubrió de verdor de amor y paz

       Re                 La         fa# m
tras él la rama floreció y el sol brotó en el trigal

     si m  fa# m
en el trigal
```

```
  fa# m           Re          fa# m
El cóndor de los Andes descendió

 Mi   fa# m  Mi fa# m Do# 7 fa# m
al llegar un feliz amanecer

el cielo al ver su marcha sollozó

y volcó su llanto gris cuando se fue
```

MELODÍA:

```
V-4   IV-434   III-1212   II-02
I-00  II-2  I-20  II-220  III-2  II-0  III-2  IV-4


          II-2   I-2121212520020   II-12
          II-2   I-21212122520020  II-2
          II-20  III-2  II-0  III-2  IV-4
```

EL CÓNDOR PASA

```
    fa#                    Re
     ↓    ↷       ↓   ↷    ↓   ↷    ↓    ↷
     ↓   ↓ ↑      ↓  ↓ ↑   ↓  ↓ ↑   ↓   ↓ ↑
   El cón - dor  de los  An - des  des - per-

    fa#                              Mi
     ↓    ↷       ↓   ↷    ↓   ↷    ↓    ↷
     ↓   ↓ ↑      ↓  ↓ ↑   ↓  ↓ ↑   ↓   ↓ ↑
    tó                              con   la

    fa#                              Mi
     ↓    ↷       ↓   ↷    ↓   ↷    ↓    ↷
     ↓   ↓ ↑      ↓  ↓ ↑   ↓  ↓ ↑   ↓   ↓ ↑
    luz                             de un  fe-

    fa#                              Do# 7
     ↓    ↷       ↓   ↷    ↓   ↷    ↓    ↷
     ↓   ↓ ↑      ↓  ↓ ↑   ↓  ↓ ↑   ↓   ↓ ↑
    liz                      a-     ma - ne-
```

fa#

↓	↓↑	↓	↓↑	↓	↓↑	↓	↓↑
ce	- e	-	er				Tras

Re

↓	↓↑	↓	↓↑	↓	↓↑	↓	↓↑
él			la		tie - rra	se	cu-

↓	↓↑	↓	↓↑	↓	↓↑	↓	↓↑
brió						de	ver-

La   Mi 7

↓	↓↑	↓	↓↑	↓	↓↑	↓	↓↑
dor					de a -	mor	y

La

↓	↓↑	↓	↓↑	↓	↓↑	↓	↓↑
paz							

CREDO

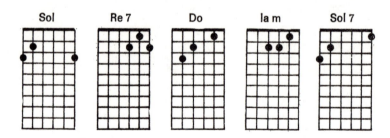

Sol   Re 7
Creo Señor firmemente que de tu pródiga mente todo este mundo nació

la m   Re 7   Sol
que de tu mano de artista de pintor primitivista la belleza floreció

las estrellas y la luna las casitas las lagunas

                    Sol 7   Do
los barquitos navegando sobre el río rumbo al mar

                                              Sol
/:los inmensos cafetales los blancos algodonales

                    Re 7   Sol
 y los bosques mutilados por el hacha criminal:/

            Do   Sol
     Creo en vos arquitecto ingeniero

                    Re 7   Sol
     artesano carpintero carpintero albañil y armador

            Do   Sol
     creo en vos constructor del pensamiento

                    Re 7   Sol
     de la música y el viento de la paz y del amor

Sol   Re 7
Yo creo en vos Cristo obrero luz de luz y verdadero unigénito de Dios

la m   Re   Sol
que para salvar al mundo en el vientre humilde y puro de María se encarnó

creo que fuiste golpeado con escarnio torturado

```
         Sol 7              Do
en la cruz martirizado siendo Pilatos pretor
                                               ↓  ↑  ○  ↑  ↓  ↑
                              Sol              P  P     i  P  P
/:el romano imperialista puñetero desalmado

              Re 7            Sol
que lavándose las manos quiso borrar el error:/

       Creo en vos......
```

Sol
Yo creo en vos compañero Cristo humano Cristo obrero de la muerte ven-

                                                      Re 7
                                                      cedor

la m   Re 7   Sol
con el sacrificio inmenso engendraste el hombre nuevo para la liberación

vos estás resucitando en cada brazo que se alza

         Sol 7   Do
para defender al pueblo del dominio explotador

                                                Sol
/:porque estás vivo en el rancho en la fábrica en la escuela

              Re 7   Sol
 creo en tu lucha sin tregua creo en tu resurrección:/

       Creo en vos......

MELODÍA:

1)   II-30   III-0   II-30   III-0   II-3030   III-0   II-30   III-0   II-30   III-0   II-030
                                                                                III-2   II-01
I-0   II-1   III-2   I-0   II-1   III-2   I-0   II-1   I-0   II-1   III-2   I-0   II-1   III-2   I-0
                                                       II-1   III-2   II-1   I-0   II-1013
     II-30   III-0   II-30   III-0   II-3030   III-0   II-30   III-0   II-30
     III-000000   I-1111110   II-3   I-0
     I-30   II-1   I-30   II-1   I-30   II-11   I-53203   II-3
     II-03   I-32532020   II-31013
     I-30   II-1   I-30   II-1   I-30   II-11   I-53203   II-3
     II-03   I-32532020   II-310   III-20
           1)   II-13   I-0   II-13531530
                II-0131031   III-22   II-01   III-2   II-013
                     1)
                II-0133   I-002200   II-33110

CREDO

Sol
Cre - o Señor firmemente
que de tu pródiga mente todo es-
Re 7
te mundo nació
la m
que de tu mano de artista
Re 7
de pintor primitivista la be-
Sol
lleza floreció
las estrellas y la luna
las casitas las lagunas
Sol 7
los barquitos navegando sobre el
Do
río junto al mar
los inmensos cafetales los blan-
Sol
cos algodonales y los
Re 7
bosques mutilados por el
Sol
hacha criminal

						Sol					
						Do					
↓	↑	☿	↑	↓	↑	↓	↑	☿	↑	↓	↑
Cre-				o en		vos				ar -	qui-

						Sol					
↓	↑	☿	↑	↓	↑	↓	↑	☿	↑	↓	↑
tec -		to	in -		ge -	nie -	ro			ar -	te-

						Re 7					
↓	↑	☿	↑	↓	↑	↓	↑	☿	↑	↓	↑
sa -		no	car -		pin -	te -	ro			al -	ba-

						Sol					
↓	↑	☿	↑	↓	↑	↓	↑	☿	↑	↓	↑
ñil		y	ar -		ma -	dor					

						Do					
↓	↑	☿	↑	↓	↑	↓	↑	☿	↑	↓	↑
Cre		-		o en		vos				cons -	truc-

						Sol					
↓	↑	☿	↑	↓	↑	↓	↑	☿	↑	↓	↑
tor		del	pen -		sa -	mien-to				de	la

						Re 7					
↓	↑	☿	↑	↓	↑	↓	↑	☿	↑	↓	↑
mú -		si -	ca		y el	vien -	to	de			la

						Sol					
↓	↑	☿	↑	↓	↑	↓	↑	☿	↑	↓	↑
paz		y	del		a -	mor					

CRISTO DE PALACAGÜINA

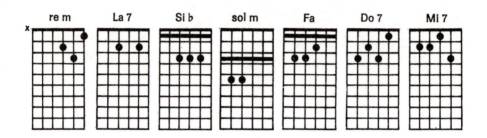

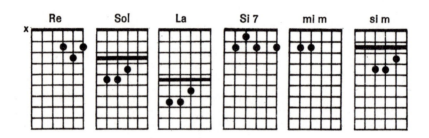

```
     re m                        Si b           La 7
Por el cerro de la Iguana montaña adentro de la Segovia

     sol m          La 7                        re m
se vio un resplandor extraño como una aurora de medianoche

     Do 7           Fa             Do 7              Fa
los maizales se prendieron los quiebra-plata se estremecieron

     sol m          re m           Mi 7        La 7   Re
llovió luz por Moyogalpa por Telpaneca y por Chichigalpa

Sol  La   Re                 Si 7       mi m
 ↓    ↓
          Cristo ya nació en Palacagüina

                    La 7            Re
          de Chepe Pavón y una tal María

                Do 7    Si 7            mi m
          ella va a planchar muy humildemente
```

```
              Re      si m      mi m     La 7    Re
```
   la ropa que goza la mujer hermosa del terrateniente

La gente para mirarlo se rejuntaron en un molote

el indio Joaquín le trajo quesillo en trenza de Nagarote

en vez de oro incienso y mirra le regalaron según yo supe

cajetitas de Diriomo y hasta buñuelos de Guadalupe

       Cristo ya nació......

José pobre jornalero se mecateya todito el día

lo tiene con reumatismo el tequio de la carpintería

María sueña que el hijo igual que el tata sea carpintero

pero el chavalillo piensa mañana quiero ser guerrillero

       Cristo ya nació......

MELODÍA:

```
III-2220    IV-3      III-0222    II-3      I-01110    II-332
I-033310    II-32     III-222322  II-2      III-20     IV-3
II-11131    III-3     II-31       III-223   II-1131031
I-03331011  III-2     II-3    I-00   III-2   II-2   I-00   II-3
            I-2   0   II-3   I-02   II-00   I-3   II-4   I-20
            I-0   II-323   I-0   III-22   I-220   II-3
            I-2200   II-4   I-235320
            I-03202   III-22   I-20   II-3   I-0   III-22   I-0020   II-3
```

CRISTO DE PALACAGÜINA

re m

Por el ce - rro de la l-

Si b

gua - na mon - ta - ña a- den - tro de la Se-

La 7				sol m			
↓ —	↓ ☿ ↓	— ↓	— ↓	☿ ↓	—		

go - via   se vio un res-plan-dor   ex-

La 7

↓ — ↓ ☿ ↓ — ↓ — ↓ ☿ ↓ —

tra-ño co-mo u-na au - ro - ra de me - dia-

re m   Do 7

↓ — ↓ ☿ ↓ — ↓ — ↓ ☿ ↓ —

no-che   los mai-za-les se pren-

Fa   Do 7

↓ — ↓ ☿ ↓ — ↓ — ↓ ☿ ↓ —

die-ron los quie-bra   pla - ta   se estre - me-

Fa   sol m

↓ — ↓ ☿ ↓ — ↓ — ↓ ☿ ↓ —

cie-ron   llo-vió luz por Mo-yo-

re m   Mi 7   La 7

↓ — ↓ ☿ ↓ — ↓ — ↓

gal-pa por Tel-pa- neca y por Chichi-

Re   Sol   La cej. 5.ª

↓ — ↓ ☿ ↓ —   ↓   ↓

gal-pa

Re

↓ — ↓ ☿ ↓ — ↓ — ↓ ☿ ↓ —

Cris - to ya na- ció

Si 7   mi m

↓ — ↓ ☿ ↓ — ↓ — ↓ ☿ ↓ —

en Pa - la - ca- güi - na

                        La 7

↓ — ↓ ☿ ↓ — ↓ — ↓ ☿ ↓ —

de Che - pe - Pa- vón

                   Re

↓ — ↓ ☿ ↓ — ↓ — ↓ ☿ ↓ —

y u - na tal Ma- rí - a

                 Si 7

↓ — ↓ ☿ ↓ — ↓ — ↓ ☿ ↓ —

e - lla va a plan- char

```
                        mi m
↓   —   ↓  ♀  ↓   — ↓   — ↓   ♀   ↓   —
    muy   hu - mil - de-    men  -  te

                        Re          si m
↓   —   ↓  ♀  ↓   — ↓   — ↓   ♀   ↓   —
    la   ro - pa  que  go - za  la  mu - jer  her-

mi m         La 7      Re M
↓   —   ↓  ♀  ↓   — ↓   — ↓   ♀   ↓   —
mo - sa  del te - rra - te - nien - te
```

LA DISTANCIA

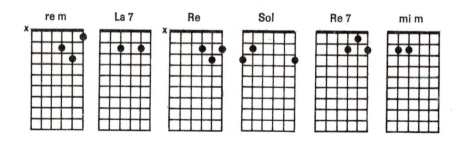

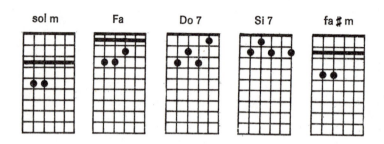

```
      re m       Re 7        sol m
Nunca más oíste tú hablar de mí

      Do 7               Fa     La 7
en cambio yo seguí pensando en ti

      re m       Re 7        sol m
de toda esta nostalgia que quedó

               re m         La 7
tanto tiempo ya pasó y nunca te olvidé

      Re          fa# m      Sol    Si 7
Cuántas veces yo pensé volver

      mi m    La 7       Re
y decirte que de mi amor nada cambió

           fa# m      Sol          sol m
pero mi silencio fue mayor y en la distancia muero

      Re    La 7    Re
día a día sin saberlo tú
```

El resto de este nuestro amor quedó

muy lejos olvidado para ti

viviendo en el pasado aún estoy

aunque todo ya cambió sé que no te olvidaré

    Cuántas veces yo pensé......

Pensé dejar de amarte de una vez

fue algo tan difícil para mí

si alguna vez mi amor piensas en mí

ten presente al recordar que nunca te olvidé

    Cuántas veces yo pensé......

MELODÍA:

```
II-3   I-0100   II-3311   III-33
III-0  I-0      II-3311   III-0322
III-2  I-100    II-3311   III-33
III-3  II-13    III-30    IV-323   III-020   IV-02
       IV-4     III-2     I-0      II-332200
       III-0    II-0      I-2000   II-3320   III-22
       IV-4     III-2     I-0      II-3322003   I-020   II-323
       IV-4     III-2     II-20    IV-2     III-0   II-0   III-2   IV-0
```

    ↓ ↑ ↓ ↓
    P P M M

LA DISTANCIA

```
                          re m                                    La 7
     ↓    ↑    ↓    ↓    ↓    ↑    ↓    ↓    ↓    ↑    ↓    ↓    ↓
   tiempo  ya   pa - só          y  nun - ca te ol - vi - dé
```

```
   Re              fa# m              Sol              Si 7
   ↓    ↑    ↓    ↓    ↓    ↑    ↓    ↓    ↓    ↑    ↓    ↓    ↓
 Cuántas ve - ces  yo pen - sé   vol - ver
```

```
   mi m         La 7              Re
   ↓    ↑    ↓    ↓    ↓    ↑    ↓    ↓    ↓    ↑    ↓    ↓    ↓    ↑    ↓    ↓
     y  de - cir - te que en mi amor na - da cam-bió
```

```
                 fa# m              Sol
   ↓    ↑    ↓    ↓    ↓    ↑    ↓    ↓    ↓    ↑    ↓    ↓    ↓    ↑    ↓    ↓
   pe - ro  mi  si - len - cio fue ma- yor y en  la dis- tan - cia muero
```

```
   Re           La 7                                    Re
   ↓    ↑    ↓    ↓    ↓    ↑    ↓    ↓    ↓    ↑    ↓    ↓    ↓    ↑    ↓    ↓
   dí - aa  dí - a sin          sa - ber   -    lo  tú
```

AMARRADITOS

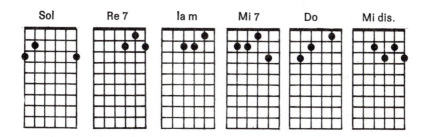

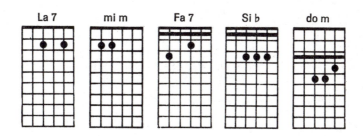

```
Sol          la m         Re 7         Sol
Vamos amarraditos los dos espumas y terciopelo
             Mi 7                      la m
tú con un recrujir de almidón y yo serio y altanero
             Do      Mi dis.    Sol
la gente nos mira con envidia por la calle
             La 7                Re 7
murmuran las vecinas los amigos y el alcalde
             la m         Re 7         Sol
Dicen que no se estila ya más ni tu peinetón ni mi pasador
             Mi 7                      la m
dicen que no se estila ya más ni tu medallón ni mi cinturón
             Do      Mi dis.    Sol
yo sé que se estilan tus ojazos y mi orgullo
```

```
              Do          Re 7      Sol
cuando vas de mi brazo por el sol y sin apuro

         la m         Re 7         Sol           mi m
Nos espera nuestro cochero frente a la iglesia mayor

            la m     Re 7        Sol
y a trotecito lento recorremos el paseo

         Fa 7                Si b
yo saludo tocando el ala de mi sobrero mejor

         La 7              Re 7
y tú agitas con donaire tu pañuelo

            Do    Mi dis.    Sol
no se estila ya sé que no se estila

            La 7            Re 7
que me ponga para cenar jazmines en el ojal

           la m         Re 7          Sol
desde luego parece un juego pero no hay nada mejor

        mi m         la m    Re 7        do m Sol
que ser un señor de aquellos que vieron mis abuelos
```

MELODÍA:

```
           II-32323    I-000     III-22    II-111   IV-44    III-20
           II-32323    I-111     II-00333  III-11   II-0     III-2
1)  I-0202303253230   II-3
    II-3   I-0    II-3   I-0   II-32   III-2   II-23   I-023532
    II-32323   I-000    III-22   II-111   IV-44   III-202   II-0
    II-32323   I-111    II-00333  III-11  II-0    III-2     II-01
                        1)
    II-32323   I-0    II-1    I-03221253
         2)    II-33   III-222   II-33   III-222   II-33000   I-0
    I-323532320   II-3101   I-0   II-3
    II-33444   I-11   II-444   I-11   II-333   I-1
    I-665323532032
    II-34   I-0   II-1   I-000753   II-3
    I-0    II-322023    I-0    III-2    II-3323    I-02
                    2)
    I-0    II-000    I-0320    II-333    I-0253
```

AMARRADITOS

Sol — **la m** — **Re 7**
Va - mos a-marra - di - tos los dos es - pu - mas y ter - cio-

Sol — **Mi 7**
pe - lo tú con un recru - jir de al - midón y

la m
yo se - rio y alta - ne - ro la gen-te nos

Do — **Mi dis.** — **Sol**
mi - ra con en - vi - dia por la ca - lle

La 7
mur-muran las ve - ci - nas los a - mi - gos y el al-

Re 7
cal - de

la m — **Re 7**
Nos es - pe - ra nuestro co - che - ro frente a la i-

Sol — **mi m** — **la m**
gle - sia mayor y a trote - cito len - to re - co-

Re 7 — **Sol**
rre - mos el pa - se - o yo sa-

Fa 7 — **Si b**
lu - do tocan - do el a - la de mi som - bre - ro me - jor

La 7

↓↑ ♀ ♀ ↓↑ ♀ ♀ ↓↑ ♀ ♀
　　y　tú·a - gi - tas　　con do - nai - re　tu pa-

Re 7　　　　　　　　　　**Do**

↓↑ ♀ ♀ ↓↑ ♀ ♀ ↓ ↑ ♀ ♀
ñue - lo　　　　　no se es - ti - la

Mi dis.　　　**Sol**

↓↑ ♀ ♀ ↓↑ ♀ ♀ ↓↑ ♀ ♀
　ya sé que no se es-ti - la　　　　que me

La 7　　　　　　　　**Re 7**

↓↑ ♀ ♀ ↓↑ ♀ ♀ ↓ ↑ ♀ ♀
pon - ga pa - ra ce - nar　jaz - mi - nes en el o-

　　　　　　la m　　**Re 7**

↓↑ ♀ ♀ ↓↑ ♀ ♀ ↓↑ ♀ ♀
jal　des - de　lue - go pare - ce un jue - go pero　no.hay

Sol　　　　**mi m**　　　　**la m**

↓↑ ♀ ♀ ↓ ↑ ♀ ♀ ↓↑ ♀ ♀
na - da mejor que ser un señor de a - que - llos

Re 7　　　　**do m**　　　**Sol**

↓↑ ♀ ♀ ↓↑ ♀ ♀ ↓↑ ♀ ♀
　que vieron mis a - bue-　　　los

PÁJARO CHOGÜÍ

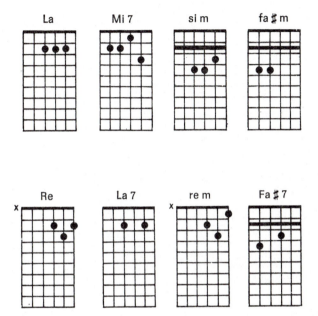

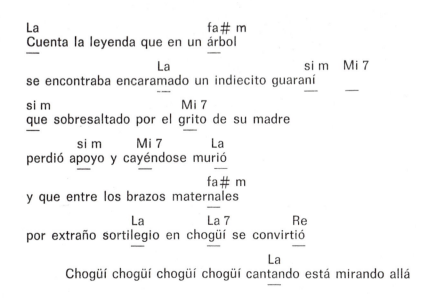

La   fa# m
Cuenta la leyenda que en un árbol

                   La   si m   Mi 7
se encontraba encaramado un indiecito guaraní

si m   Mi 7
que sobresaltado por el grito de su madre

     si m   Mi 7   La
perdió apoyo y cayéndose murió

                    fa# m
y que entre los brazos maternales

             La   La 7   Re
por extraño sortilegio en chogüí se convirtió

                              La
Chogüí chogüí chogüí chogüí cantando está mirando allá

       Mi 7   La
mirando acá volando se alejó

  re m
chogüí chogüí chogüí chogüí

      La   Fa# 7   si m   Mi 7   La
que lindo es que lindo va perdiéndose en el cielo guaraní

La   fa# m
Y desde aquel día se recuerda

                  La   si m Mi 7
al indiecito cuando se oye como un eco a los chogüí

si m   Mi 7
es el canto alegre y bullanguero

            si m   Mi 7   La
del precioso naranjero que repite su cantar

            fa# m
salta y picotea las naranjas

           La   La 7   Re
que es su fruta preferida repitiendo sin cesar

    Chogüí chogüí......

         ↓ ↑ ↓ 𝄾 ↓ —
         P P P   P

MELODÍA:

1)   I-00000 II-20 III-2 II-22
     II-222 III-21 IV-4 III-22222 II-0 III-2 II-0 III-1
     I-22222 II-320333330 III-21 II-00000 III-1 IV-42 I-0
                        1)
     II-222 III-21 IV-4 III-222222 II-023
          II-3 I-2 II-3 I-2 II-3 I-2 II-3 I-2
          II-2 I-0 II-2 I-0 II-2 I-0 II-2 I-0
          II-030303032 I-0
          II-3 I-1 II-3 I-1 II-3 I-1 II-3 I-1
          II-2 I-0 II-2 I-0 II-2 I-0 II-2 I-0
          II-03030 I-0 II-320 III-2

PÁJARO CHOGÜÍ

La
↓ ↑ ↓ ♀ ↓ — ↓ ↑ ↓ ♀ ↓ —
Cuen - ta la le- yen - da que en un

fa# m
↓ ↑ ↓ ♀ ↓ — ↓ ↑ ↓ ♀ ↓ —
ár - bol se en - con- tra - ba en - ca - ra-

La
↓ ↑ ↓ ♀ ↓ — ↓ ↑ ↓ ♀ ↓ —
ma - do un in - die ci - to gua - ra-

si m   Mi 7
↓ ↑ ↓ ♀ ↓ — ↓ ↑ ↓ ♀ ↓ —
ní

si m
↓ ↑ ↓ ♀ ↓ — ↓ ↑ ↓ ♀ ↓ —
que - so - bre - sal ta - do por el

Mi 7
↓ ↑ ↓ ♀ ↓ — ↓ ↑ ↓ ♀ ↓ —
gri - to de su ma - dre per - dió a-

si m   Mi 7
↓ ↑ ↓ ♀ ↓ — ↓ ↑ ↓ ♀ ↓ —
po - yo y ca- yén - do - se mu-

La
↓ ↑ ↓ ♀ ↓ — ↓ ↑ ↓ ♀ ↓ —
rió

↓ ↑ ↓ ♀ ↓ — ↓ ↑ ↓ ♀ ↓ —
y que en-tre los bra - zos ma - ter-

fa# m
↓ ↑ ↓ ♀ ↓ — ↓ ↑ ↓ ♀ ↓ —
na - les por ex- tra - ño sor - ti-

La   La 7
↓ ↑ ↓ ♀ ↓ — ↓ ↑ ↓ ♀ ↓ —
le - gio en cho- güí se con - vir-

Re
↓ ↑ ↓ ♀ ↓ — ↓ ↑ ↓ ♀ ↓ —
tió cho-

güí cho-güí cho-güí cho-güí can-

La
tan - do es - tá mi - ran - do a - llá mi-

Mi 7
ran - do a - cá vo - lan - do se-a - le-

La
jó

LA FLOR DE LA CANELA

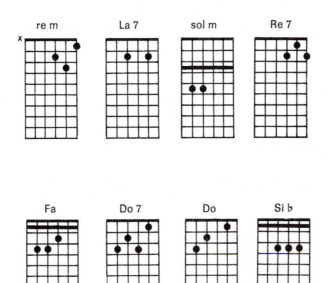

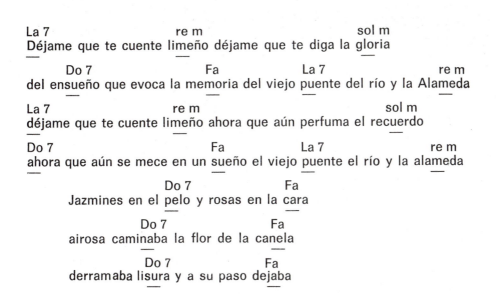

La 7   re m   sol m
Déjame que te cuente limeño déjame que te diga la gloria
      Do 7   Fa   La 7   re m
del ensueño que evoca la memoria del viejo puente del río y la Alameda
La 7   re m   sol m
déjame que te cuente limeño ahora que aún perfuma el recuerdo
Do 7   Fa   La 7   re m
ahora que aún se mece en un sueño el viejo puente el río y la alameda
            Do 7   Fa
Jazmines en el pelo y rosas en la cara
           Do 7   Fa
airosa caminaba la flor de la canela
            Do 7   Fa
derramaba lisura y a su paso dejaba

```
          Re 7          sol m        Do 7        Fa
     aroma de mixtura que en el pecho llevaba

                              Do 7                  Fa
     del puente a la alameda menudo pie la lleva

                              Do 7                  Fa
     por la vereda que se estremece al ritmo de su cadera

                         Do 7         Fa
     recogía la risa de la brisa del río

                Re 7        sol m     Do 7           Fa
           y al viento la lanzaba del puente a la alameda
La 7                         re m    re m↓Do↓ Si b↓ La 7              re m
Déjame que te cuente limeño ¡ay! deja que te diga moreno mi pensamiento
                                      ↓  ↓     ↓
a ver si así despiertas del sueño del sueño que entretiene moreno tu senti-
                                                                       [miento

             La 7       re m      La 7      re m
aspiras de la lisura que da la flor de canela
      ↓ ↓      ↓
adornada con jazmines matizando su hermosura

alfombras de nuevo el puente que engalana la alameda
          ↓    ↓      ↓
y el río acompasará tu paso por la vereda
              Do 7 ↓
y recuerdas que...        jazmines en el pelo...
```

                    ↓↑ ♀ ♀
                    P P

MELODÍA:

1)   IV-23   III-0320   IV-3220   II-333   I-1010   II-3   I-0   II-3
     I-0   II-3   I-0   II-31   I-0   II-31   I-1   II-31   III-2   I-5310   II-32   I-0   II-2
                                                                                III-220   IV-3
          1)
     II-3   I-00   II-3   I-0   II-3   I-0   II-31   I-1   II-31   III-2   I-5310   II-32
                                                                      II-2   III-220   IV-3
          2)   II-113   I-013310   II-31031
               II-010101   III-32323   II-131

```
                        2)
            3)  II-431   III-32   II-1   III-33   II-1   III-32032
                        2)
                II-010110101   III-323323   II-131
                        2)      3)
I-5535365351    5310    II-3222    I-0    II-32    III-22    II-3    III-2
III-2   I-535365351    5310    II-3222    I-0    II-32    III-220    IV-3
4)   III-2   II-2   I-03105555531031
        I-15310    II-322    I-0    II-32    III-222    II-3    III-2
                4)
        I-15310    II-322    I-0    II-32    III-220    IV-3
        II-11313
```

LA FLOR DE LA CANELA

La 7   re m

Dé - jame que te cuen-   te li - me - ño

                dé - jame que te di - ga la

sol m   Do 7

gloria   del en - sue - ño que e-

             Fa

vo - ca la   me - mo - o - ria   del viejo

La 7   re m

puen- te del rí - o y la Ala - me - da

             Do 7

jaz-mines en el pe - lo   y ro - sas en la

Fa   Do 7

ca-ra   ai - rosa cami - na-ba

```
                              Fa
  ↓↑      ○     ○         ↓↑     ○   ○           ↓↑      ○    ○
  la    flor de la ca  -  ne - la              de - rrama-ba li-
Do 7                                           Fa
  ↓↑      ○     ○         ↓ ↑   ○   ○           ↓↑      ○    ○
  su-ra              y a  su   paso  de-       ja-ba            a-
Re 7                          sol m            Do 7
  ↓↑      ○     ○         ↓↑     ○   ○           ↓↑      ○    ○
  ro  -  ma de mix - tu-ra          que en     el     pe-cho lle-
Fa
  ↓↑      ○     ○           ↓↑    ○   ○           ↓↑     ○    ○
  va-ba
La 7                                                 re m
  ↓↑      ○     ○           ↓↑    ○   ○           ↓↑     ○    ○
  Dé-ja  me   que   te    cuen  - te  li  -  me  - ño ¡ay!
re m-Do-Si b                La 7
  ↓    ↓    ↓                ↓↑    ○   ○           ↓↑     ○    ○
  deja   que te              di-ga more - no       mi pen - sa mien-
re m                                               La 7
  ↓↑      ○     ○           ↓↑    ○   ○           ↓↑     ○    ○
  to                                            a   ver  si a - sí des-
                          re m                  re m  Do   Si b
  ↓↑      ○     ○           ↓↑    ○   ○        ↓    ↓    ↓
  pier    tas del          sue-ño              del sueño que entretiene
```

QUINCHO BARRILETE

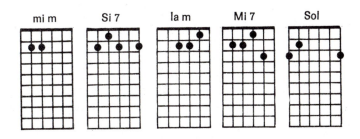

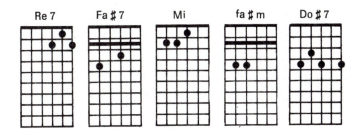

mi m   la m
De la marimba de chavalos de la Tirsa
           Re 7   Sol
este tal Quincho se la gana a los demás
           Mi 7   la m
con sus diez años no cumplidos todavía
          Fa# 7   Si 7
es hombre serio como pocos de su edad
            mi m   la m
mientras su mamá se penqueya en la rebusca
           Re 7   Sol
Quincho se faja como todo un tayacan
           Mi 7   la m
mañana y tarde vende bolis en los buses

```
         mi m         Si 7        Mi
para que puedan sus hermanos estudiar
      Si 7      Mi                fa# m         Si 7          Mi
Que viva Quincho Quincho Barrilete héroe infantil de mi ciudad
             Do# 7                 fa# m
que vivan todos los chavales de mi tierra
             Fa# 7           Si 7
ejemplo vivo de pobreza y dignidad
              Mi            fa# m         Si 7          Mi
que viva Quincho Quincho Barrilete su nombre no se olvidará
              Do# 7               fa# m
porque en las calles plazas parques y barriadas
             Mi  Si 7 Mi
el pueblo lo repetirá
```

Joaquín Carmelo viene a ser sólo un membrete que le pusieron en la pila

[bautismal

pero su nombre de combate es Barrilete le cae al pelo con su personalidad

allá en el Open vive desde el terremoto a hacer lechuzas este Quincho es

[un campeón

por un chelín te hace un cometa prodigioso para ponerle un telegrama al

[colochón

    Que viva Quincho Quincho......

El tiempo sigue incontenible su camino y el chavalito que vivió en el

[Open tres

no volverá a ponerse más pantalón chingo ni la gorrita con la visera al revés

un día va a enrollar la cuerda del cometa y muy feliz mirando al sol se

[marchará

enfrentará las realidades de su pueblo y con los pobres de su patria mar-

[chará

    Que viva Quincho Quincho...

MELODÍA:

1) II-00000000   III-02   II-031
2) III-22222222—IV-4   III-02   II-0
3) I-00000000   II-31031
   III-220   IV-44   I-2220   II-4   I-02
        1) 2) 3)
   II-1   III-2   IV-4   III-0   II-0   III-0   IV-24   III-2   IV-412

      II-024   I-2020   II-42   I-0   III-2   I-00000   II-4   I-2   II-40
      II-222222220   III-21   II-0   III-2
      I-00   II-42224   I-00   II-4   I-0202
      II-024   I-2020   II-42   I-0   III-2   I-0000   II-4   I-2   II-40
      II-222222220   III-21   II-0   III-2
      I-252402   II-4   I-0

↓ ↓ ↓ ↓
P M P M

QUINCHO BARRILETE

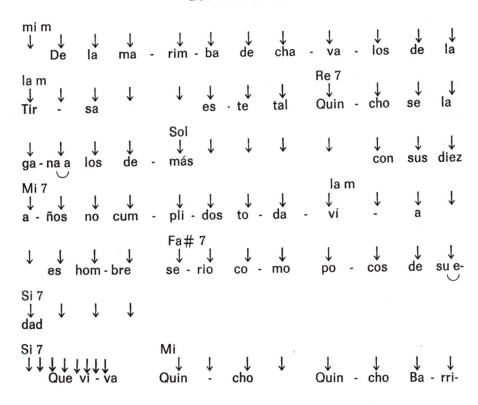

fa# m ↓ ↓ ↓ ↓ ↓ ↓ ↓ ↓ **Si 7** ↓ ↓ ↓
le - te   héro-e in-fan-til   de

↓ ↓ ↓ ↓ **Mi** ↓ ↓ ↓ ↓ ↓ ↓ ↓
mi ciu- dad   que vi - van

Do# 7
↓ ↓ ↓ ↓ ↓ ↓ ↓ ↓ **fa# m** ↓ ↓ ↓
to - dos los cha - va - les de mi tie - rra

↓ ↓ ↓ ↓ **Fa# 7** ↓ ↓ ↓ ↓ ↓ ↓ ↓
 e - jem - plo vi - vo de po - bre-za y dig - ni-

Si 7
↓ ↓ ↓ ↓
dad

CHICA DE IPANEMA

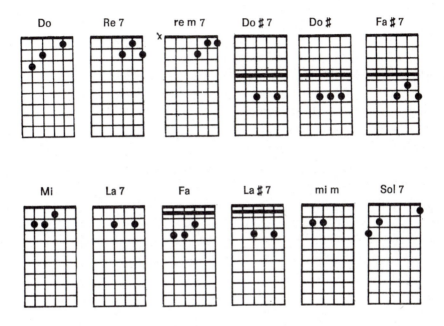

Do   Re 7
Mira qué cosa más linda graciosa y bonita

                               re m
es aquella muchacha que viene paseando

         Do# 7   Do
con su contoneo camino del mar

                                  Re 7
chica de cuerpo bronceado del sol de Ipanema

                       re m
de rostro agraciado es como un poema

      Do# 7   Do
y toda la gente la mira al pasar

    Do#   Fa# 7 Mi   La 7
¡Ah! qué suspiros provoca ¡ah! el rubí de su boca

```
      Fa             La# 7              mi m              La 7
¡ah! esa dulce sonrisa que es de diosa de rito ancestral

        re m          Sol 7
   princesa del sol tropical

 Do                              Re 7
¡ay! si ella supiera que el mundo a su paso

                         re m
sonríe y se alegra y como hechizado

             Do# 7       Do
bendice el regalo de tanta beldad
```

MELODÍA:

```
II-33000   III-2   II-33000   III-2   II-33
II-000     III-2   II-33000   III-2   II-11
III-2220   II-00   III-000    IV-3    III-0
     II-121   III-3   II-1   III-313   II-4   I-0   II-424202
        I-010   II-3   I-0   II-313   I-013   III-02   II-0134   I-0
        I-01   IV-3   III-02   II-0123
```

↓↑ — ↑ ↓ ♀
P i   i P

CHICA DE IPANEMA

Do
↓↑ — ↑ ↓ ♀ ↓↑ — ↑ ↓ ♀
Mi - ra   qué cosa más lin - da gra - ciosa y bo-

Re 7
↓↑ — ↑ ↓ ♀ ↓↑ — ↑ ↓ ♀
ni - ta es a - quella mu - cha-cha que viene pa-

re m   Do# 7
↓↑ — ↑ ↓ ♀ ↓↑ — ↑ ↓ ♀
seando   con su con - to - ne - o ca - mino del

Do
↓↑ —↑ ↓ ♀
mar

Do♯ m
↓↑ —↑ ↓ ♀ ↓↑ —↑ ↓ ♀
¡Ah!　　　　　　　　qué sus - piros pro-

Fa♯ 7
↓↑ —↑ ↓ ♀ ↓↑ —↑ ↓ ♀
vo - ca

Mi
↓↑ —↑ ↓ ♀ ↓↑ —↑ ↓ ♀
¡ah!　　　　　　　　el ru - bí de su

La 7
↓↑ —↑ ↓ ♀ ↓↑ —↑ ↓ ♀
bo - ca

Fa
↓↑ —↑ ↓ ♀ ↓↑ —↑ ↓ ♀
¡ah!　　　　　　　　e - sa dulce son-

La♯ 7
↓ ↑ —↑ ↓ ♀ ↓↑ —↑ ↓ ♀
ri - sa　　　　　　　　　　　　que es de

mi m　　　　　　　La 7
↓↑ —↑ ↓ ♀ ↓↑ —↑ ↓ ♀
dio-sa de rito an - ces - tral　　　prin-

re m　　　　　　　Sol 7
↓↑ —↑ ↓ ♀ ↓↑ —↑ ↓ ♀
ce - sa del sol tro - pi - cal

CANCIÓN CON TODOS

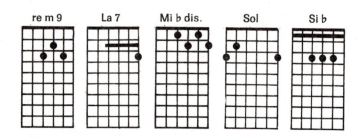

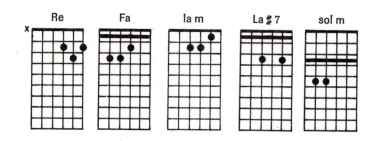

re m   La 7
Salgo a caminar por la cintura cósmica del Sur

Mi b dis.   Sol
piso en la región más vegetal del viento y de la luz

sol m   re m
siento al caminar toda la piel de América en mi piel

                        Si b   La 7   re m
y anda en mi sangre un río que libera en mi voz su caudal

                             La 7
Sol de alto Perú, rostro Bolivia estaño y soledad

Mi b dis.   Sol
un verde Brasil besa mi Chile cobre y mineral

sol m   re m
subo desde el Sur hacia la entraña América y total

```
                    Si b              La 7 ↓   Re (rasgueo)
pura raíz de un grito destinado a crecer y estallar
        Re          Si b  Re              Si b
        Todas las voces todas, todas las manos todas
        Fa          la m  Si b         La# 7  La 7
        toda la sangre puede ser canción en el viento
        Re          Si b  Re              Si b
        canta conmigo canta hermano americano
        Fa          la m Si b         La 7      Re
        libera tu esperanza con un grito en la voz en la voz
```

MELODÍA:

```
III-20    IV-3   III-02    II-3    I-010   II-3   I-0    III-2222
III-20    IV-4   III-02    II-134313      III-0000
III-32023 II-3   I-010     II-3    I-1    II-3333
II-3   I-010  II-3   I-310  II-3   I-0130  II-323
       III-2   II-3   I-020   II-3   III-32   II-3   I-020   II-3   III-3
       II-1111131    III-33323   I-10
       III-2   II-3   I-020   II-3   III-32   II-3   I-020   II-3   III-3
       II-1111131    III-3    II-13   I-1    II-3    I-0202
```

```
              IV  III  II  I  II  III  IV  III
              ↓   ↑    ↓   ♀  ↓   ↑
              M   P    P      P   P
```

CANCIÓN CON TODOS

```
re m
IV    III   II   I   II III  IV      III   IV III II  I    II  III   IV   III
Sal - go a  ca - mi - nar                              por  la  cin - tu - ra
     ‿
La 7
IV    III   II   I   II III  IV      III   IV III II  I    II  III   IV   III
cós - mi - ca  del  Sur
Mi b dis.
IV    III   II   I   II III  IV      III   IV III II  I    II  III   IV   III
pi - so en la  re - gión                              más  ve - ge - tal  del
          ‿
Sol
IV    III   II   I   II III  IV      III   IV III II  I    II  III   IV   III
vien - to y  de  la   luz
         ‿
```

```
sol m
IV   III   II   I   II III   IV     III     IV III II  I      II    III     IV    III
sien - to al  ca - mi - nar                to - da  la     piel  de A-
re m
IV   III   II   I   II III   IV     III     IV III II  I      II    III     IV    III
mé - ri - ca en mi piel                 y an - da en mi  san - gre un
Si b                                La 7
IV   III   II   I   II III   IV     III     IV III II  I      II    III     IV    III
rí -  o   que li - be - ra en       mi voz                       su  cau-
re m
IV   III   II   I   II III   IV     III
dal
```

Re
↓ ↑ ↓ ♀ ↓ ↑ ↓ ↑ ↓ ♀ ↓ ↑
To - das   las   vo-   ces

Si b
↓ ↑ ↓ ♀ ↓ ↑ ↓ ↑ ↓ ♀ ↓ ↑
to-   das

Re
↓ ↑ ↓ ♀ ↓ ↑ ↓ ↑ ↓ ♀ ↓ ↑
to - das   las   ma-   nos

Si b
↓ ↑ ↓ ♀ ↓ ↑ ↓ ↑ ↓ ♀ ↓ ↑
to-   das

Fa
↓ ↑ ↓ ♀ ↓ ↑ ↓ ↑ ↓ ♀ ↓ ↑
to - da   la   san-   gre

la m
↓ ↑ ↓ ♀ ↓ ↑ ↓ ↑ ↓ ♀ ↓ ↑
pue-   de

Si b
↓ ↑ ↓ ♀ ↓ ↑ ↓ ↑ ↓ ♀ ↓ ↑
ser   can- ción   en el

La# 7   La 7
↓ ↑ ↓ ♀ ↓ ↑ ↓ ↑ ↓ ♀ ↓ ↑
vien-   to

RELACIÓN DE AUTORES

Alma corazón y vida	Vals — Adrián Flores
Ansiedad	Vals
Canción del tamborilero	Autor: Katherine Davis
	Vals
Cristo de Palacagüina	Autor: Luis Mejía
	Nicaragua
Cucurrucucú	Autor: Tomás Méndez
	Canción huasteca — México
Chica de Ipanema	Autor: Jobin de Moraes
	Samba
Échame a mí la culpa	Autor: J. A. Espinoza
	Ranchera — México
El cóndor pasa	Autor: Daniel Robles
	Canción boliviana
El jinete	Autor: J. Alfredo Jiménez
	Canción huasteca — México
El preso número nueve	Autor: Hermanos Cantoral
	Son huasteco — México
El rey	Ranchera — México
Fallaste corazón	Autor: Cuco Sánchez
	Bolero ranchero — México
Gracias a la vida	Autor: Violeta Parra
	Chile
Guadalajara en un llano	Popular mexicana
Guantanamera	Letra: José Martí
	Música popular cubana
La bamba	Bamba — México
La distancia	Autor: Roberto Carlos
La flor de la canela	Autor: Chabuca Grande
	Vals — Perú
Las dos puntas	Cueca mendocina
Los ejes de mi carreta	Autor: Atahualpa Yupanqui
	Milonga — Argentina
Malagueña salerosa	Letra: P. Galindo
	Música: E. Ramírez
	Malagueña — México
Mañanitas	Popular mexicana
Ojalá que te vaya bonito	Vals — México
Paisajes de Catamarca	Zamba — Argentina
Pájaro chogüí	Polka — Paraguay
Que seas feliz	Autor: Consuelo Velázquez
	Bolero — México
Quincho barrilete	Autor: Carlos Mejía Godoy
	Nicaragua

Recuerdos de Ipacaraí	Autor: Ortiz
	Guarania — Paraguay
Sapo cancionero	Zamba — Argentina
Solamente una vez	Autor: Agustín Lara
	Bolero — México
Son tus perjúmenes	Popular nicaragüense
	Recopilado por Carlos Mejía Godoy
Volver	Autor: Fernando Z. Maldonado
	Ranchera — México
Yo vendo unos ojos negros	Autor: Silva
	Tonada — Chile
Zamba de mi esperanza	Autor: L. Morales
	Zamba — Argentina

Indice

Partes que componen la guitarra	5
Colocación de la guitarra	6
Afinación	8
Abreviaturas y signos empleados	9
Signos para los rasgueos	9
Otros signos	13
Tiempo en los rasgueos	14
Forma de leer las melodías	14
Posiciones de los acordes	15
Allá en el rancho grande	29
Guadalajara en un llano	31
Cielito lindo	33
El rey	35
Canción del tamborilero	37
Yo vendo unos ojos negros	39
Paisajes de Catamarca	41
Zamba de mi esperanza	43
Guantanamera	46
Fallaste corazón	48
Son tus perjúmenes	50
Cucurrucucu	52
Los ejes de mi carreta	54
Las dos puntas	56
Échame a mí la culpa	58
Alma, corazón y vida	61
Alma llanera	64
Adelita	68
Gracias a la vida	72
Malagueña salerosa	75
La bamba	78
A qué le llaman distancia	81
El jinete	83
Que seas feliz	86
Solamente una vez	89
Mañanitas	91
Sapo cancionero	94
Ojalá que te vaya bonito	97
Volver	100
Alfonsina y el mar	103
Ansiedad	107
Canta cigarra	110
Recuerdos de Ipacarai	114
El preso número nueve	117

El cóndor pasa	121
Credo	124
Cristo de Palacagüina	128
La distancia	132
Amarraditos	135
Pájaro chogüí	139
La flor de la canela	143
Quincho barrilete	147
Chica de Ipanema	151
Canción con todos	154